EMPRESAS ESTATAIS
ANÁLISE DE DECISÕES JUDICIAIS E DO CONTROLE EXTERNO

CRISTIANA FORTINI
RAFAEL WALLBACH SCHWIND
RENILA BRAGAGNOLI
VIRGINIA KIRCHMEYER VIEIRA

Coordenadores

Ministro José Afrânio Vilela
Prefácio

EMPRESAS ESTATAIS
ANÁLISE DE DECISÕES JUDICIAIS E DO CONTROLE EXTERNO

Belo Horizonte

FÓRUM
CONHECIMENTO JURÍDICO

2025

© 2025 Editora Fórum Ltda.

É proibida a reprodução total ou parcial desta obra, por qualquer meio eletrônico, inclusive por processos xerográficos, sem autorização expressa do Editor.

Conselho Editorial

Adilson Abreu Dallari
Alécia Paolucci Nogueira Bicalho
Alexandre Coutinho Pagliarini
André Ramos Tavares
Carlos Ayres Britto
Carlos Mário da Silva Velloso
Cármen Lúcia Antunes Rocha
Cesar Augusto Guimarães Pereira
Clovis Beznos
Cristiana Fortini
Dinorá Adelaide Musetti Grotti
Diogo de Figueiredo Moreira Neto (in memoriam)
Egon Bockmann Moreira
Emerson Gabardo
Fabrício Motta
Fernando Rossi
Flávio Henrique Unes Pereira
Floriano de Azevedo Marques Neto
Gustavo Justino de Oliveira
Inês Virgínia Prado Soares
Jorge Ulisses Jacoby Fernandes
Juarez Freitas
Luciano Ferraz
Lúcio Delfino
Marcia Carla Pereira Ribeiro
Márcio Cammarosano
Marcos Ehrhardt Jr.
Maria Sylvia Zanella Di Pietro
Ney José de Freitas
Oswaldo Othon de Pontes Saraiva Filho
Paulo Modesto
Romeu Felipe Bacellar Filho
Sérgio Guerra
Walber de Moura Agra

FÓRUM
CONHECIMENTO JURÍDICO

Luís Cláudio Rodrigues Ferreira
Presidente e Editor

Coordenação editorial: Leonardo Eustáquio Siqueira Araújo / Thaynara Faleiro Malta
Revisão: Bárbara Ferreira
Capa e projeto gráfico: Walter Santos
Diagramação: Derval Braga

Rua Paulo Ribeiro Bastos, 211 – Jardim Atlântico – CEP 31710-430
Belo Horizonte – Minas Gerais – Tel.: (31) 99412.0131
www.editoraforum.com.br – editoraforum@editoraforum.com.br

Técnica. Empenho. Zelo. Esses foram alguns dos cuidados aplicados na edição desta obra. No entanto, podem ocorrer erros de impressão, digitação ou mesmo restar alguma dúvida conceitual. Caso se constate algo assim, solicitamos a gentileza de nos comunicar através do *e-mail* editorial@editoraforum.com.br para que possamos esclarecer, no que couber. A sua contribuição é muito importante para mantermos a excelência editorial. A Editora Fórum agradece a sua contribuição.

Dados Internacionais de Catalogação na Publicação (CIP) de acordo com ISBD

E55	Empresas estatais: análise de decisões judiciais e do controle externo / Cristiana Fortini, Rafael Wallbach Schwind, Renila Bragagnoli, Virginia Kirchmeyer Vieira (coord.). Belo Horizonte: Fórum, 2025.
	167p. 14,5x21,5cm
	ISBN impresso 978-65-5518-977-3
	ISBN digital 978-65-5518-978-0
	1. Empresas estatais. 2. Estatal. 3. Desestatização. 4. Setor público. 5. Empregado público. 6. Governança. 7. Licitação. 8. Contratos. 9. Controle. 10. *Compliance*. I. Fortini, Cristiana. II. Schwind, Rafael Wallbach. III. Bragagnoli, Renila. IV. Vieira, Virginia Kirchmeyer. V. Título.
	CDD 351
	CDU 35

Ficha catalográfica elaborada por Lissandra Ruas Lima – CRB/6 – 2851

Informação bibliográfica deste livro, conforme a NBR 6023:2018 da Associação Brasileira de Normas Técnicas (ABNT):

FORTINI, Cristiana; SCHWIND, Rafael Wallbach; BRAGAGNOLI, Renila; VIEIRA, Virginia Kirchmeyer (coord.). *Empresas estatais*: análise de decisões judiciais e do controle externo. Belo Horizonte: Fórum, 2025. 167p. ISBN 978-65-5518-977-3.

SUMÁRIO

PREFÁCIO
Ministro José Afrânio Vilela 11

A DESESTATIZAÇÃO POR ALIENAÇÃO DE ATIVOS DE SUBSIDIÁRIAS DE ESTATAIS: ANÁLISE DAS DECISÕES DO SUPREMO TRIBUNAL FEDERAL PROFERIDAS NA MEDIDA CAUTELAR DA AÇÃO DIRETA DE INCONSTITUCIONALIDADE Nº 5.624 E AÇÃO DIRETA DE INCONSTITUCIONALIDADE Nº 5.841

Carolina Reis Jatobá, Cristina M. Wagner Mastrobuono 13
    Introdução: a desestatização por alienação de ativos de subsidiárias estatais 13
    Análise da medida cautelar da Ação Direta de Inconstitucionalidade nº 5.624 14
    Ação Direta de Inconstitucionalidade nº 5.841 23
    Conclusão 25
    Referências 26

AVALIAÇÃO DA DECISÃO DO TCE-PR 525636/18: INAPLICABILIDADE DE LICITAÇÃO (ART. 28, §3º, I, DA LEI Nº 13.303/2016)

Christianne de Carvalho Stroppa 27
    Introdução 27
    Contexto fático e jurídico da decisão 28
    Inaplicabilidade da licitação (art. 28, §3º) 30
    Condições a serem observadas 31
    Conclusão 33
    Referências 33

AVALIAÇÃO DA DECISÃO DO TCE-PR 856004/18: (NÃO) APLICAÇÃO DA LEI Nº 8.666/1993 ÀS LICITAÇÕES DAS EMPRESAS ESTATAIS

Christianne de Carvalho Stroppa 35
    Introdução 35
    Contexto fático e jurídico da decisão 36
    Relação entre a Lei nº 13.303/2016 e a Lei nº 14.133/2021 38
    Conclusão 40
    Referências 41

AVALIAÇÃO DA DECISÃO DO TCE-PE 19236797: (NÃO) APLICABILIDADE DA LEI Nº 8.666/1993 PELAS EMPRESAS ESTATAIS

Christianne de Carvalho Stroppa 43
    Introdução 43
    Contexto fático e jurídico da decisão 43
    Uso da Lei nº 8.666/1993 após julho de 2018 44
    As três correntes interpretativas 45
    Conclusão 47
    Referências 47

ACELERANDO A INOVAÇÃO NO SETOR PÚBLICO: A NOVA MODALIDADE DE LICITAÇÃO INAUGURADA PELA LEI COMPLEMENTAR Nº 182/2021 – MARCO LEGAL DAS *STARTUPS* E DO EMPREENDEDORISMO INOVADOR

Cristiana Fortini, Camila Tamara Falkenberg 49
1   Introdução 49
2   Encomenda tecnológica *versus* a nova modalidade de licitação: inclusão das *startups* e fomento à inovação 53
3   Abrangência da norma e potenciais contratados 55
4   Diferenciais da modalidade 57
4.1 Ausência de prévia especificação técnica 57
4.2 Preço não é o elemento central na avaliação das soluções propostas: foco no potencial para a solução dos problemas 58
4.3 Possibilidade de contratação de soluções inovadoras com valor superior à estimativa inicial 60
4.4 Comissão especial julgadora 61
4.5 Possibilidade de dispensar a prestação de garantia, bem como a documentação de habilitação e de regularidade fiscal 64
5   Conclusão 64
    Referências 65

DISPENSA DE EMPREGADOS PÚBLICOS EM SOCIEDADES DE ECONOMIA MISTA: ANÁLISE DOS IMPACTOS DO JULGAMENTO DO TEMA 1.022 PELO STF PARA AS EMPRESAS ESTATAIS

Cristiana Fortini, Alessandra Giordano 67
1 Histórico do tema no STF — o caso ECT 67
2 Análise do julgamento do RE nº 688.267/CE –
   o caso Banco do Brasil 69
3 Reflexões finais – a polêmica expressão "fundamento razoável" 73

EMPRESAS ESTATAIS E RISCO EMPRESARIAL: DISTINÇÃO ENTRE PREJUÍZO E DANO AO ERÁRIO E A QUESTÃO DO ERRO GROSSEIRO DOS GESTORES

Rafael Wallbach Schwind 75
1 Introdução 75
2 O caso analisado pelo TCU: o apoio do BNDESPar à JBS S.A.
   na aquisição do controle de empresas norte-americanas 76
3 Limites do controlador na apreciação do mérito das decisões
   empresariais das empresas estatais 78
4 A aceitação de que prejuízos de uma empresa estatal não devem
   necessariamente ser considerados como danos ao erário 78
5 Inaplicabilidade da figura do erro grosseiro 80
6 Extensão das conclusões a outras situações similares — como as
   oportunidades de negócio 80
7 A adoção do modelo empresarial pelo Estado e a identificação da
   "Administração Pública empresarial" 81
8 A legitimidade da adoção de instrumentos de direito privado e
   (ainda) a "Administração Pública empresarial" 86
9 Conclusões 90
   Referências 91

A APLICAÇÃO DO SISTEMA DE REGISTRO DE PREÇOS ÀS EMPRESAS ESTATAIS: AS POLÊMICAS SOBRE A REGULAMENTAÇÃO A SER SEGUIDA E OS LIMITES SUBJETIVOS À CONVIVÊNCIA DAS ESTATAIS COM OUTROS ÓRGÃOS E ENTIDADES

Renila Bragagnoli, Victor Almeida 93
   Introdução 93
   O Sistema de Registro de Preços e as peculiaridades do
   procedimento auxiliar para as empresas estatais 94
   Órfãos de regulamento: qual decreto aplicar às estatais enquanto
   não disciplinado o art. 66 da Lei nº 13.303/16? 96

Da adesão à ata de registro de preços: posições doutrinárias sobre o tema 99
Empresas estatais só podem aderir a atas de outras empresas estatais 100
Empresas estatais podem aderir a atas gerenciadas pela Administração em geral, mas a Administração em geral não pode aderir a atas gerenciadas por estatais 103
A ampla possibilidade de adesão 109
Como compatibilizar a participação e carona das estatais em atas da Administração direta, autárquica e fundacional 110
Considerações finais 112
Referências 114

A ASSESSORIA JURÍDICA NAS EMPRESAS ESTATAIS SOB A PERSPECTIVA DA LEI Nº 13.303/16: A AUSÊNCIA DE PREVISÃO LEGAL, AS NOVAS COMPETÊNCIAS E A LINDB COMO FERRAMENTA DE SEGURANÇA JURÍDICA

Renila Bragagnoli 117
Introdução 117
A Lei das Estatais e a assessoria jurídica 118
As novas competências da assessoria jurídica nas empresas estatais 122
A LINDB como ferramenta à disposição da assessoria jurídica das estatais 124
Conclusão 129
Referências 130

QUEM PODE ACESSAR O SIGILO EMPRESARIAL DAS ESTATAIS? ANÁLISE DE DOIS JULGADOS DO SUPREMO TRIBUNAL FEDERAL NA INTERPRETAÇÃO DA LEI Nº 13.303/16

Vera Monteiro, Henrique Motta Pinto 131
1   Para começar 131
2   Comentários a dois julgados do Supremo Tribunal Federal sobre a Lei das Estatais 135
3   Para concluir 141

INIDONEIDADE, EMPRESAS ESTATAIS E O EFEITO DA SANÇÃO DE SUSPENSÃO: ANÁLISE DA aDECISÃO DO TRIBUNAL DE CONTAS DO MUNICÍPIO DO RIO DE JANEIRO (PROCESSO 40/101245/2020) E SEUS IMPACTOS PRÁTICOS PARA A ADMINISTRAÇÃO PÚBLICA

Viviane Mafissoni 143
Introdução 143

Contexto normativo: Lei nº 8.666/93, Lei nº 10.520/02 e
Lei nº 13.303/16 144
Delimitação da competência sancionatória de empresas públicas 145
Implicações práticas 145
Restrição da suspensão temporária de licitar e contratar 146
A autonomia das empresas públicas e a segurança jurídica 147
Conclusão 148
Referências 149

SANÇÃO, PREGÃO E FUNDAMENTO LEGAL — AVALIAÇÃO DA DECISÃO DO STJ NO AGRAVO EM RECURSO ESPECIAL Nº 2247328-SP E SUAS IMPLICAÇÕES PRÁTICAS PARA A ADMINISTRAÇÃO PÚBLICA

Viviane Mafissoni 151
Introdução 151
Contexto fático e jurídico da decisão 152
Fundamentação genérica da decisão e a Súmula 284 do STF 152
Encampação e a Lei do Pregão 153
Prequestionamento e as Súmulas 282 e 356 do STF 153
Implicações práticas para a Administração Pública 154
Conclusão 155
Referências 155

SANÇÃO, *COMPLIANCE* E LEI ANTICORRUPÇÃO: ANÁLISE DA DECISÃO DO STJ NO RECURSO ESPECIAL Nº 1880426-RJ (2020/0056279-2) E SUAS IMPLICAÇÕES PARA A ADMINISTRAÇÃO PÚBLICA

Viviane Mafissoni 157
Introdução 157
Contexto fático e jurídico da decisão 158
O que é a classificação de Grau de Risco de Integridade? 159
Governança e integridade em contratações de estatais 160
Aplicação do Regulamento de Licitações e Contratos da Petrobras ... 160
Impacto das Súmulas 283 do STF e 7 do STJ 161
Conclusão 162
Referências 163

SOBRE OS AUTORES 165

PREFÁCIO

Sinto-me honrado com o convite da professora Cristiana Fortini e dos demais coorganizadores, professora Renila Bragagnoli, Dra. Virginia Kirchmeyer Vieira e Dr. Rafael Wallbach Schwind, para prefaciar esta obra jurídica.

A compreensão da intervenção do Estado na ordem econômica está intrinsecamente relacionada ao estudo da sua atuação no mercado de bens e serviços, por meio da qual também há prestação de serviços públicos.

As empresas estatais, cujos regimes jurídicos resultam da confluência entre o Direito Público e o Direito Privado, são instrumentos de ordem econômica responsáveis pela exploração de negócios estratégicos ao interesse do país, e atuam sincronicamente na promoção do desenvolvimento nacional e de políticas públicas setoriais.

O Direito Administrativo está em franca evolução, servindo ao interesse público na medida em que norteia a gestão pública dentro dos parâmetros legais segundo as necessidades sociais, as quais são aumentadas pela demanda social de melhorias no atendimento estrutural.

Esta obra apresenta estudos aprofundados sobre a matéria, com linguagem acessível e metodologia apta à compreensão e à aplicação do conteúdo por magistrados, advogados e operadores do Direito em geral, por estudiosos do Direito Administrativo e estudantes, futuros juristas.

A qualidade do trabalho reflete a aptidão dos organizadores para a estruturação de um material sólido e especializado, desenvolvido por profissionais qualificados, dentre os quais advogados, professores e palestrantes. Os autores são possuidores de amplo conhecimento das complexidades do tema abordado, o que evidencia o alcance das nuances práticas do conteúdo.

Os estudos abordam as empresas estatais no Brasil em sua origem e avançam ao exame de questões contemporâneas que revelam o necessário equilíbrio entre a incidência do Direito Público sobre atividades compatíveis com a lógica empresarial privada. Há no livro título dedicado aos estudos dos Decretos nº 12.301/2024, nº 12.302/2024 e nº 12.303/2024, voltados para aprimorar a gestão, a supervisão e a modernização das empresas estatais federais sobre pilares de governança corporativa.

A especialidade do conteúdo é percebida na abordagem de questões atuais e relevantes, a exemplo do art. 28, § 3º, I, da Lei nº 13.303/2016, que possibilita a contratação direta, sem licitação, pelas empresas públicas e sociedades de economia mista em situações específicas, e do papel da jurisprudência na regulação dos procedimentos administrativos no âmbito das licitações e dos contratos.

Há na obra estudo desenvolvido a partir do acórdão formado no julgamento do Recurso Especial nº 2247328/SP, pela Segunda Turma do Superior Tribunal de Justiça, a qual componho, com enfoque na aplicação de normas que regulam os processos de licitação e na necessidade de efetiva fundamentação das decisões administrativas sancionatórias, primando pela regularidade do processo administrativo.

O livro também aborda a impossibilidade de aplicação da Lei nº 8.666/1993 às licitações e contratações realizadas pelas empresas estatais após o período de transição estabelecido no art. 91 da Lei nº 13.303/2016, e apresenta comentários à jurisprudência dos Tribunais Superiores sobre a desestatização por alienação de ativos de subsidiárias de estatais, como a análise da medida cautelar da Ação Direta de Inconstitucionalidade nº 5.624.

Esta obra se revela como um valioso compêndio de conhecimento, oferecendo ao leitor um material de referência e estudo especializado. O conteúdo apresentado não apenas enriquece o entendimento sobre os temas abordados, mas também serve como um guia essencial para a prática e a reflexão crítica em âmbito jurídico.

Desejo a todos uma leitura proveitosa e enriquecedora, certo de que a obra contribuirá para o aprofundamento das reflexões e aprimoramento das habilidades técnicas.

Ministro José Afrânio Vilela
Presidente da 2ª Turma do Superior Tribunal de Justiça

A DESESTATIZAÇÃO POR ALIENAÇÃO DE ATIVOS DE SUBSIDIÁRIAS DE ESTATAIS: ANÁLISE DAS DECISÕES DO SUPREMO TRIBUNAL FEDERAL PROFERIDAS NA MEDIDA CAUTELAR DA AÇÃO DIRETA DE INCONSTITUCIONALIDADE Nº 5.624 E AÇÃO DIRETA DE INCONSTITUCIONALIDADE Nº 5.841

CAROLINA REIS JATOBÁ

CRISTINA M. WAGNER MASTROBUONO

Introdução: a desestatização por alienação de ativos de subsidiárias estatais

Muito se tem questionado sobre a intervenção estatal na economia e tais questionamentos persistem de tal forma ao longo da formação do Estado que se pode, de forma analógica, nas palavras de Souto, compará-los com pêndulos históricos — que refletem modelos econômicos e sociais formatados pelos modelos jurídicos — que oscilam constantemente entre as posições políticas na defesa de uma intervenção maior ou menor, passando por zonas cinzentas.[1]

Obviamente que, no contexto neoliberal atual, as privatizações e desestatizações são mais frequentes e é natural que a tão comum

---

[1] SOUTO, Marcos Juruena Villela. *Direito Administrativo da Economia*. Rio de Janeiro: Lumen Juris, 2003, p. 1-55.

estatização de alguns setores econômicos por meio de empresas públicas ou sociedade de economia mista, movimento que atingiu o auge nos anos de 1930 a 1960, se desfaçam.

Portanto, se anteriormente houve investimentos públicos e inaugurais por meio da criação e expansão de estatais em determinados setores, a exemplo do siderúrgico, petrolífero, elétrico e bancário, porque o Estado assumiu o protagonismo por algumas razões, dentre as quais os retornos incertos e baixa rentabilidade inicial de determinados setores,[2] atualmente há uma devolução de tais atividades econômicas para a iniciativa privada e uma das formas mais frequentes dessa "devolução" tem sido o desinvestimento por meio da alienação de ativos de subsidiárias de estatais.

A posição da jurisprudência pode acompanhar o apoio à adoção de modelos e formas privadas de administração, especialmente o desinvestimento por meio de alienação de ativos societários de subsidiárias de grupos estatais. Neste cenário, a segurança jurídica é um valor necessário e a jurisprudência deve trazer estabilidade para o tema.

Este artigo tem a intenção de analisar duas questões fundamentais sobre a alienação de ativos mobiliários de subsidiárias estatais relacionadas à autorização legal e procedimentos para alienação. Ao longo do estudo, as decisões do STF serão objeto de descrição e análise, a seguir.

Análise da medida cautelar da Ação Direta de Inconstitucionalidade nº 5.624

O movimento de desestatização envolvendo a alienação de ativos mobiliários pelo Poder Executivo sempre enfrentou duas questões jurídicas que ensejavam um grau razoável de insegurança jurídica que restringia o manejo dos outros modelos para a redução da atuação empresarial estatal.[3] Referimo-nos à discussão quanto à necessidade de lei autorizativa para a alienação de subsidiárias de estatais e das participações minoritárias do ente público em empresas privadas,

---

[2] PINTO JÚNIOR, Mario Engler. *Empresa Estatal*. Função Econômica e Dilemas Societários. São Paulo: Atlas, 2010, p. 10-25.

[3] Parte deste artigo foi elaborada com base no artigo "Desestatizações, participações minoritárias e subsidiárias", de autoria de Cláudia Polto da Cunha e Cristina M. Wagner Mastrobuono, em MASTROBUONO, Cristina M. Wagner; MEGNA, Bruno Lopes; PINTO JR., Mario Engler (org.). *Empresas Estatais*: regime jurídico e experiência prática nos termos da Lei Federal nº 13.303/2016. São Paulo: Almedina, 2022.

bem como quanto à necessidade de procedimento licitatório prévio a tais alienações. A discussão é relevante, pois reflete diretamente na autonomia do Poder Executivo em relação à gestão de seu patrimônio mobiliário e no grau de liberdade de definição quanto à conveniência e oportunidade da manutenção dessa opção de ação governamental pela via empresarial. A Constituição Federal é clara, nos incisos XIX e XX do artigo 37, quanto à necessidade de lei autorizativa para a criação de empresa pública ou sociedade de economia mista e subsidiárias dessas entidades. No entanto, não há disposição constitucional regrando, especificamente, o procedimento para alienação desses ativos.

Ocorre que por força do princípio do paralelismo de formas houve uma interpretação inicial na doutrina[4] e na jurisprudência[5] sustentando a necessidade de autorização legislativa para a alienação do ativo estatal, para cuja instituição ou aquisição demandou-se o mesmo requisito.

Essa premissa de paralelismo foi transposta, por simetria, para o âmbito estadual e acabou sendo adotada na forma de disposições expressas em determinadas Constituições Estaduais. Ao positivar o conceito, alguns diplomas optaram por um tratamento ainda mais restritivo, incluindo a obrigatoriedade de autorização legislativa também para alterações na estrutura societária das entidades que integram a administração indireta do ente público e para alienação de quaisquer participações acionárias detidas pelo ente. Um exemplo é a Constituição do Estado de São Paulo, cujo inciso XXI do art. 115 assim dispõe: "XXI - a criação, transformação, fusão, cisão, incorporação, privatização ou extinção das sociedades de economia mista, autarquias, fundações

---

[4] Nesse sentido, Sundfeld menciona que "o Direito Constitucional Brasileiro impõe a concordância prévia do Legislativo para todas as alterações na estrutura da Administração que envolvam *aquisição ou perda de personalidade governamental*. Deveras, é necessário autorização legal tanto para o surgimento de uma nova organização governamental como para seu desaparecimento". SUNDFELD, Carlos Ari. A Reforma do Estado e empresas estatais. A participação privada nas empresas estatais. *In:* SUNDFELD, Carlos Ari (coord.). *Direito administrativo econômico*. São Paulo: Malheiros, 2006, p. 266.

[5] A necessidade de autorização legislativa para a alienação da empresa pública ou sociedade de economia mista foi discutida na ADI nº 234/RJ, em 1995, e reiterada na ADI nº 1.703/SC, em 2017, embora o questionamento ali tenha sido a necessidade de lei para a alienação do controle da empresa. O voto do Min. Neri da Silveira no julgamento da ADI nº 234/RJ indica que o STF já havia entendido anteriormente (ACO 374-1/010 Q.O.) que referidos ativos são classificados como bens públicos, por força do artigo 6º, III, do Código Civil, sendo que a sua inalienabilidade somente poderia ser afastada por meio de autorização legislativa, conforme preconiza o inciso III do artigo 67 do Código Civil. Esse, portanto, o fundamento legal invocado para a participação do Poder Legislativo no processo de alienação de ativos mobiliários titularizados por entes públicos, combinado com o art. 48, V, *in fine*, da Constituição Federal.

e empresas públicas depende de prévia aprovação da Assembleia Legislativa".

Também a Constituição do Estado do Rio de Janeiro continha previsão semelhante em seu artigo 69, ao qual veio, no entanto, ser dada interpretação conforme pelo STF, no julgamento da ADI nº 234/RJ, para restringir a autorização legislativa apenas para a alienação do controle societário da companhia.

A dúvida, nesse aspecto, se refere ao nível ou grau de participação pública na estrutura societária que justificaria a exigência de lei autorizativa para a correspondente alienação e, reversamente, quando tal condicionante configura indevida afronta ao princípio da separação entre os poderes. Em concreto, a aplicação pura e simples de um conceito de paralelismo de formas como fundamento da obrigatoriedade de autorização legislativa para alienação de tais ativos acaba por interditar ou dificultar a implementação de decisões e ações concretas de organização administrativa com invasão de um campo próprio de reserva da Administração.

O tema foi levado ao Supremo Tribunal Federal, que tem se posicionado pela desnecessidade de lei autorizativa para a alienação de participações societárias minoritárias do ente público. O entendimento foi inicialmente fixado em 1995, quando ocorreu o julgamento da ADI nº 234/RJ, na qual se discutia a constitucionalidade de dispositivo da Constituição do Estado do Rio de Janeiro exigindo autorização legislativa como condição prévia à alienação de ações de sociedade de economia mista detidas pelo Estado. Na ocasião, a decisão foi por conferir ao referido dispositivo interpretação conforme à Constituição Federal, fixando-se a premissa de que a lei autorizativa apenas pode ser exigida quando se tratar de alienação do controle acionário da empresa. Em 2017, sob a relatoria do Min. Alexandre de Moraes, o STF manteve a fundamentação no julgamento da ADI nº 1.703, tendo por objeto lei do Estado de Santa Catarina que impunha a necessidade de autorização legislativa para *vendas de ações de empresas públicas, sociedade de economia mista e instituições pertencentes ao sistema financeiro público do Estado de Santa Catarina*.[6] A dúvida remanesceu, no entanto, sobre a necessidade de lei autorizativa para a alienação de subsidiárias de sociedade de economia mista, e acerca da necessidade de ser conduzido procedimento licitatório para tanto. A incerteza decorria da dubiedade oriunda da conjugação das disposições constantes dos incisos

---

[6] Lei Estadual nº 10.542/97.

XIX, XX e XXI do artigo 37[7] da Constituição Federal, no que se refere ao regramento dirigido às subsidiárias, bem assim a diferentes restrições ao seu manejo adotadas por constituições estaduais. Em relação à exigência de licitação, a discussão girou em torno do tratamento previsto no artigo 17, II, da Lei nº 8.666/93 e, de forma mais específica, no art. 4º, I e §3º, da Lei nº 9.491/1997, dos quais pode ser extraída a conclusão da necessidade de licitação em sentido estrito para todas as formas de alienação de ações, ainda que na modalidade leilão.

De outro lado, a Lei nº 13.303/2016 dispôs sobre o tema no artigo 29, inciso XVIII, autorizando as estatais a, com dispensa de licitação e sem nenhuma referência à necessidade de autorização legislativa, proceder à *"compra e venda de ações,* de títulos de crédito e de dívida e de bens que produzam ou comercializem". A não delimitação da natureza das participações societárias referidas no dispositivo legal sustentou uma possível interpretação de que a lei autorizaria a alienação de ações representativas do capital social de suas subsidiárias sem procedimento licitatório. O dispositivo teve sua constitucionalidade questionada perante o Supremo Tribunal Federal, juntamente com outras disposições da Lei nº 13.303/2016 e regulamentação conexa, ensejando a análise e julgamento da medida cautelar requerida, pelo Min. Relator Lewandowski, no bojo da ADI nº 5.624/MC/DF, conjuntamente com as ADIs nºs 5.624/DF, 5.846/DF e 5.924/MG, distribuídas por dependência por tratarem do mesmo tema.

A ADI nº 5.624 foi proposta pela Federação Nacional das Associações do Pessoal da Caixa Econômica Federal — FENAEE[8] e pela Confederação Nacional dos Trabalhadores do Ramo Financeiro — CONTRAF/CUT em face da Lei nº 13.303, de 30 de junho de 2016, a "Lei das Estatais", na sua integralidade, em especial, os artigos 1º, 7º, 16, 17, 22 e 25.

---

[7] XIX - somente por lei específica poderá ser criada autarquia e autorizada a instituição de empresa pública, de sociedade de economia mista e de fundação, cabendo à lei complementar, neste último caso, definir as áreas de sua atuação.
XX - depende de autorização legislativa, em cada caso, a criação de subsidiárias das entidades mencionadas no inciso anterior, assim como a participação de qualquer delas em empresa privada;
XXI - ressalvados os casos especificados na legislação, as obras, serviços, compras e alienações serão contratados mediante processo de licitação pública que assegure igualdade de condições a todos os concorrentes, com cláusulas que estabeleçam obrigações de pagamento, mantidas as condições efetivas da proposta, nos termos da lei, o qual somente permitirá as exigências de qualificação técnica e econômica indispensáveis à garantia do cumprimento das obrigações.

[8] Em sede da decisão cautelar foi afastada a legitimidade ativa da Federação Nacional das Associações do Pessoal da Caixa Econômica Federal — FENAEE, por congregar trabalhadores de uma única instituição financeira.

O contexto por trás do questionamento da constitucionalidade, feito por uma entidade que representa interesses do pessoal de uma das estatais financeiras, não poderia deixar de considerar o cenário bancário, embora a extensão da questão não se limite a ele. Neste ponto, é necessário citar a Lei nº 11.908/2009, anterior à Lei nº 13.303/2016, e editada no ainda inexistente regime jurídico próprio de contratações para estatais.

A lei referida surgiu para viabilizar formatação de parcerias estatais bancárias e autoriza os dois principais bancos públicos, Banco do Brasil S.A. e a Caixa Econômica Federal, a constituírem subsidiárias integrais ou controladas, com vistas ao cumprimento de atividades de seu objeto social, incluindo empresas dos ramos securitário, previdenciário, de capitalização e demais ramos descritos nos artigos 17 e 18 da Lei nº 4.595, de 31 de dezembro de 1964, além dos ramos de atividades complementares às do setor financeiro, com ou sem o controle do capital social.

Embora o objeto da lei reforce o pêndulo econômico referenciado por Souto[9] e já mencionado anteriormente, para a via da estatização da atividade e fortalecimento dos arranjos estatais no mercado financeiro, a iniciativa da lei foi também viabilizar genéricas parcerias entre o público e o privado e permitir uma maior penetração da iniciativa privado no segmento bancário brasileiro que sempre foi muito ligado à estatalidade.

Diante da intenção de expansão de grupo econômico estatal no mercado financeiro, permeado pela iniciativa privada também, as dúvidas sobre a necessidade ou desnecessidade de lei autorizativa genérica para constituição de empresas do grupo também rondaram o tema e semelhantemente se questionou se as estatais poderiam contratar sem licitação nesses modelos.[10]

Ou seja, a dúvida que se pôs no questionamento da constitucionalidade ligada à Lei nº 13.303/2016 era mais antiga e ampla e constata-se que se trata de uma via de mão-dupla quanto aos efeitos jurídicos: i) haveria necessidade de lei autorizativa — genérica ou especial — tanto para constituir quanto para alienar ativos? e ii) o procedimento deveria ou não ser precedido de licitação?

---

[9] SOUTO, Marcos Juruena Villela. *Direito Administrativo da Economia*. Rio de Janeiro: Lumen Juris, 2003, p. 1-55.

[10] A este respeito, conferir: COÊLHO, Carolina Reis Jatobá. Inaplicabilidade da Lei de Licitações na formalização de relações fundamentadas na Lei Federal nº 11.908/09. In: *Revista de Direito da ADVOCEF*, ano XI, n. 22, p. 79-111, 2016.

Voltando ao tema objeto do julgado mencionado, que guarda inteira semelhança com discussões travadas no âmbito da Lei nº 11.908/2009, como mencionado, como fundamentos foram invocados inicialmente o princípio da separação de poderes, por ter supostamente havido uma indevida intromissão do Poder Legislativo em matérias que envolvem a organização e o funcionamento do Poder Executivo, e o regime jurídico dos seus servidores, em afronta ao artigo 61, II, "c" e "e", c/c artigo 84, VI, da Constituição, eis que a Lei das Estatais não se originou de projeto de iniciativa do Poder Executivo.

As entidades sindicais demonstraram preocupação na manutenção da função social das estatais, e destas continuarem a se submeter às diretrizes dos ministérios e de atendimento aos planos de governo. Nesse sentido invocam o artigo 173 *caput* da Constituição Federal e afirmam:

> Ou seja, o Estatuto das Estatais não pode ser um meio para que as Estatais, meramente por explorarem atividades econômicas em sentido estrito, se tornem absolutamente autônomas em relação ao Estado, atuando de forma desconectada de sua função social e das diretrizes governamentais, dos Planos de Governo e dos ministérios supervisores.[11]

Invocaram, como precedente, decisão do Supremo Tribunal de Federal exarada na ADI nº 1.703, na qual foi questionada a constitucionalidade de lei estadual de Santa Catarina, que condicionava a venda de ações de empresas públicas, sociedades de economia mista e instituições pertencentes ao sistema financeiro público do Estado de Santa Catarina a uma autorização legislativa específica. O Relator acolheu a ADI em parte, admitindo a interferência do Legislativo apenas no caso de alienação do controle acionário.

Outra fundamentação apresentada diz respeito à finalidade da empresa estatal, se exploradora de atividade econômica ou não. Entendem as requerentes que as empresas que não explorem atividades econômicas não devem estar sujeitas a essa lei, permanecendo sob a égide do direito material público aplicável à administração indireta, como a Lei de Licitações. Assim, o artigo 1º deveria ser interpretado restritivamente.

Em seu favor, citam o resultado da ADI nº 1.642/MG, no qual o relator Min. Eros Grau fez a distinção entre empresas estatais que

---

[11] Petição Inicial, p. 19.

prestam serviço público e empresas estatais que empreendem atividade econômica em sentido estrito, decidindo que "o §1º do artigo 173 da Constituição do Brasil não se aplica às empresas públicas, sociedades de economia mista e entidades (estatais) que prestam serviço público".

O direcionamento da Lei das Estatais a todas as unidades da federação, sem se limitar às empresas federais, violaria a autonomia dos entes subnacionais e limitaria a sua capacidade de auto-organização.

A ação se insurge, particularmente, sobre as regras impostas pelo artigo 17 para a investidura de cidadãos em cargos de Conselho de Administração ou cargos de direção das estatais. Referidas regras caracterizariam restrições indevidas, violando o princípio da razoabilidade e os direitos fundamentais assegurados pelos artigos 5º, XVII, e 8º, III, da Constituição Federal. Esses seriam os pontos mais importantes levantados pelas requerentes, cabendo mencionar ainda que a petição inicial veiculou pedido de tutela cautelar.

A análise do pedido cautelar contou com a relatoria do Min. Ricardo Lewandowski, que, numa análise preliminar, em 01.01.2017, entendeu não estarem presentes os requisitos para a concessão da medida liminar sem a oitiva dos demais interessados, abrindo prazo para manifestações do Congresso Nacional, Advogado-Geral da União e Procurador-Geral da República.

As requerentes apresentaram pedido de reconsideração e, no julgamento da medida cautelar, em 27.06.2018, o relator levou em consideração a movimentação que vinha ocorrendo no Poder Executivo no caminho da privatização de várias estatais e, procurando dar uma segurança jurídica, decidiu com base na jurisprudência já consolidada no sentido de ser necessária a lei autorizativa sempre que se tratar de alienação de controle acionário, inclusive das subsidiárias. Assim, conferiu-se ao artigo 29, *caput*, XVIII, da Lei nº 13.303/2016 interpretação conforme à Constituição, para afirmar que "a venda de ações das empresas públicas, sociedades de economia mista ou de suas subsidiárias ou controladas exige prévia autorização legislativa, sempre que se cuide de alienar o controle acionário".

A decisão monocrática foi submetida ao Plenário, que finalizou o julgamento em 06.06.2019, proferindo a seguinte ementa:

> Ementa: MEDIDA CAUTELAR EM AÇÃO DIRETA DE INCONSTITUCIONALIDADE CONCESSÃO PARCIAL MONOCRÁTICA. INTERPRETAÇÃO CONFORME À CONSTITUIÇÃO. ART. 29, CAPUT, DA LEI 13.303/2016. VENDA DE AÇÕES. ALIENAÇÃO DO CONTROLE ACIONÁRIO DE EMPRESAS PÚBLICAS, SOCIEDADES DE

ECONOMIA MISTA OU DE SUAS SUBSIDIÁRIAS E CONTROLADAS. NECESSIDADE DE PRÉVIA AUTORIZAÇÃO LEGISLATIVA E DE LICITAÇÃO. VOTO MÉDIO. MEDIDA CAUTELAR PARCIALMENTE PELO PLENÁRIO.

I - A alienação do controle acionário de empresas públicas e sociedades de economia mista exige autorização legislativa e licitação pública.

II - A transferência do controle de subsidiárias e controladas não exige a anuência do Poder Legislativo e poderá ser operacionalizada sem processo de licitação pública, desde que garantida a competitividade entre os potenciais interessados e observados os princípios da administração pública constantes do art. 37 da Constituição da República.

III - Medida cautelar parcialmente referendada pelo Plenário do Supremo Tribunal Federal.

Portanto, o Plenário referendou em parte a decisão cautelar para estabelecer que: I - a alienação do controle acionário de empresas públicas e sociedades de economia mista exige autorização legislativa e licitação pública; II - a transferência do controle de subsidiárias e controladas não exige a anuência do Poder Legislativo e poderá ser operacionalizada sem processo de licitação pública, desde que garantida a competitividade entre os potenciais interessados e observados os princípios da administração pública constantes do artigo 37 da Constituição da República.

Como se vê, a decisão cautelar final foi mais ampla do que aquela concedida monocraticamente pelo relator, passando o STF a considerar legítima a alienação de ações de uma subsidiária, mesmo que representativas do seu controle, sem a necessidade de prévia autorização legislativa. Importante mencionar que a *ratio decidendi* do julgamento parte de um *discrímen* feito em face da posição já firmada pelo STF quanto ao alcance da exigência constitucional para a criação da sociedade de economia mista — lei específica (inciso XIX do artigo 37) — e para A instituição de subsidiárias — lei genérica (inciso XX do artigo 37).[12] Ou seja, entendeu-se que, na medida em que a criação de subsidiárias prescinde de lei específica, também para sua alienação não caberia tal exigência, sendo suficiente um comando legal de natureza genérica. E nessa esteira, considerou que tanto a instituição como a

---

[12] Isso fica claro no julgamento da Rcl. 42576, no voto do Min. Gilmar Mendes: "De fato, a jurisprudência da Corte há muito reconhecia que não violavam o inciso XIX do art. 37 da CF/88 as leis que contêm autorizações genéricas às entidades da Administração Pública para a reestruturação de seus órgãos (ADI 1.131, Rel. Min. Ilmar Galvão, DJ 25.10.2002 e ADI 1.840 -MC, Rel. Min. Carlos Velloso, DJ 11.9.1998)".

alienação de subsidiárias constituem medidas de gestão empresarial com caráter estratégico e não apenas financeiro, afastando a alegada inconstitucionalidade da dispensa de procedimento licitatório para a venda de tais ativos por entender que, na ponderação entre o preceito de Direito Público ditado pela regra geral do artigo 37, XXI, da Constituição Federal e o regime de atuação privada predicado pelo seu artigo 173, §1º, inciso II, haveria de conferir maior peso a este último.

A decisão é paradigmática e de extrema relevância para um desenho mais abrangente do processo de desestatização, especialmente em relação a estatais que detêm algum grau de diversificação de ativos ou segregação de atuação em veículos de propósito específico. É o caso, por exemplo, da Petrobras, que adotou a política de desinvestimento como forma de alienação de parte de seus ativos seguindo as diretrizes estabelecidas no Decreto nº 9.188/2017, que disciplina o procedimento para aplicação do disposto no artigo 29, inciso XVIII, da Lei das Estatais.

O processo de venda de algumas dessas subsidiárias foi questionado pelas mesas da Câmara dos Deputados, do Congresso Nacional e do Senado Federal por meio da Reclamação 42.576, alegando-se que o plano de desinvestimento da Petrobras seria na realidade uma "privatização disfarçada da empresa-mãe" em afronta ao julgado proferido na ADI nº 5.624/DF.

Embora em apertada maioria, o Supremo Tribunal Federal, em acórdão publicado em 25.03.2021, indeferiu a medida cautelar e reiterou seu posicionamento emitido na ADI nº 5.624/DF. Segundo o Min. Alexandre de Moraes, o uso do desinvestimento caracteriza medida gerencial concernente ao exercício do controle acionário, integralmente afeta ao ente controlador em que não se autoriza a interferência do Poder Legislativo.

Esses conceitos fixados a partir da evolução da jurisprudência do Supremo Tribunal Federal fornecem, atualmente, uma moldura jurídica bem mais clara para a tomada de decisões nos processos de privatização ou desestatização e conferem maior autonomia na definição e implementação das estratégias do controlador público na gestão de suas participações societárias, bem assim em relação aos ativos detidos pelas empresas sob controle estatal.

Importante ressaltar que a decisão foi proferida em sede cautelar, pendente o julgamento do mérito da ação, que irá abranger os demais dispositivos da Lei das Estatais, questionado pelas autoras da ação. Atualmente, a Ação Direta de Inconstitucionalidade está conclusa ao Relator, que foi substituído pelo Ministro Cristiano Zanin desde 03.08.2023.

Ação Direta de Inconstitucionalidade nº 5.841

A ação refere-se à alegação de inconstitucionalidade do Decreto nº 9.188, de 1º de novembro de 2017, que estabelece regras de governança, transparência e boas práticas de mercado para a adoção de regime especial de desinvestimento de ativos pelas sociedades de economia mista federais.

O autor é o Partido dos Trabalhadores, e a Petrobras foi admitida como *amicus curie* e trouxe a informação de que a empresa está em franco processo de alienação de metade de suas refinarias e equipamentos coligados. Denominados como *clusters*, os ativos incluem as refinarias, dutos e outros equipamentos necessários à operação e às refinarias da Petrobras, que são unidades operacionais integrantes de sua empresa-mãe, e estão sendo submetidas ao modelo de venda previsto no decreto, com dispensa absoluta do certame. A privatização representa aproximadamente 50% da capacidade de refino nacional.

A argumentação sobre a inconstitucionalidade baseia-se na informação de que a norma teria exorbitado sua finalidade e invadido competências reservadas à lei e à própria Constituição Federal, de modo que vem ao mundo jurídico com natureza eminentemente autônoma e eivada de inconstitucionalidades e que, em que pese ter vindo ao ordenamento jurídico com viés regulamentador, pronuncia-se sobre diversas matérias reservadas à lei e invade a esfera de competência legislativa.

A norma descreve procedimentos de alienação contemplando ritos competitivos, que envolvem preparação; consulta de interesse; apresentação de propostas preliminares; apresentação de propostas firmes; negociação; e resultado e assinatura dos instrumentos jurídicos negociais.

Segundo o peticionante, em que pese representar agilidade e menos burocracia, a ausência de qualquer procedimento licitatório ou de participação do Congresso Nacional viola a Constituição Federal, especialmente o artigo 37, XXI, o qual garante que serviços, compras e alienações serão contratados mediante processo de licitação pública.

A questão da inconstitucionalidade é defendida diante do fato de que o dispositivo permite a venda total dos ativos da empresa, o que na prática configura a própria extinção ou "canibalização" da sociedade, que resultará no fim da estatal ou, sem suas características e patrimônios originais, numa existência apenas simbólica, inclusive com a possibilidade de assunção de dívidas exclusivamente pelo Estado brasileiro.

A violação ao artigo 37, XIX, defendida pelo peticionante, se sustenta na tese de que o dispositivo constitucional afirma que somente por lei específica poderá ser criada autarquia e autorizada a instituição de empresa pública, de sociedade de economia mista. Por paralelismo das formas, se a criação exigiria lei específica, também a extinção deveria exigir.

O acórdão decidiu pela inexistência de violação aos princípios da licitação e da moralidade, reconhecendo que, no decreto referido, não há fraude à exigência de lei para extinção de estatais. Em verdade, confirma ser dispensável a realização de processo de licitação pública para alienação de controle de empresas estatais, bastando, para tanto, a adoção de procedimento público competitivo.

O Supremo Tribunal Federal aplicou sua decisão no julgamento da medida cautelar na ADI nº 5.624/DF, que conferiu interpretação conforme a Constituição ao art. 29-XVIII da Lei nº 13.303/2016, nos seguintes termos: i) a alienação do controle acionário de empresas públicas e sociedades de economia mista exige autorização legislativa e licitação; e ii) a exigência de autorização legislativa, todavia, não se aplica à alienação do controle de suas subsidiárias e controladas.

Em voto do ministro relator, Ricardo Lewandowski, foi observado que a Suprema Corte, ao julgar a ADI nº 3.578- MC/DF, de relatoria do Ministro Sepúlveda Pertence, na qual se analisou a constitucionalidade de ato normativo que disciplinou a redução da presença do setor público estadual na atividade financeira bancária, deferiu a medida cautelar pleiteada, por entender "inequívoca a densa plausibilidade da arguição de afronta à regra constitucional da licitação pública" (trecho do voto do Ministro Relator).

Também foi afirmado que, em 14.02.2020, o Supremo Tribunal, por maioria, julgou prejudicadas as ADIs nºs 3.577 e 3.578/DF, quanto ao pedido de declaração de inconstitucionalidade do §1º do art. 4º da Medida nº 2192-70/2001, e julgou parcialmente procedentes os pedidos formulados, para declarar a inconstitucionalidade, tão somente, do artigo 29 e parágrafo único da Medida Provisória nº 2192-70/2001, contatando a "ocorrência de ofensa ao princípio da isonomia e, conseguintemente, ao princípio da licitação".

Nesta linha, assegura que, embora a Suprema Corte tenha, cautelarmente, conferido ao artigo 29, *caput*, XVIII, da Lei nº 13.303/2016 interpretação conforme à Constituição Federal, assentando que a alienação do controle acionário de empresas públicas e sociedades de economia mista exige autorização legislativa e licitação, a ausência de manifestação sobre o Decreto nº 9.188/2017 pode gerar expectativas em sentido contrário e, consequentemente, insegurança jurídica.

Desta forma, o Ministro Relator votou no sentido de deferir em parte a liminar pleiteada para suspender a eficácia dos artigos questionados do Decreto nº 9.188/2017. Porém, divergência foi aberta pelo Ministro Gilmar Mendes e acompanhada pelo Ministro Alexandre de Moraes, na linha de confirmar que o Decreto nº 9.188/2017 estabeleceu criterioso modelo para as operações de desinvestimento, em consonância com o determinado pelo Tribunal de Contas da União (Acórdão nº 442/2017-TCU-Plenário).

Segundo o Ministro Gilmar Mendes, a discussão travada na ADI revolve a compreensão do que foi decidido pelo Tribunal no julgamento da ADI 5.624/DF-MC. Nela, em que pese tenha sido consignado que "a alienação do controle acionário de empresas públicas e sociedades de economia mista exige autorização legislativa e licitação pública", diante da impugnação do artigo 29, inciso XVII, da Lei nº 13.303/2016 (Lei das Estatais), que considera dispensável a realização de licitação por empresa pública e sociedade de economia mista "na compra e venda de ações, de títulos de crédito e de dívida e de bens que produzam ou comercializem", o Plenário nada decidiu sobre o decreto então objeto de impugnação.

Portanto, em que pese os votos dos Ministros Ricardo Lewandowski e Edson Fachin, que deferiam parcialmente a medida cautelar pleiteada para suspender, até o exame do mérito da ação direta de inconstitucionalidade, a incidência do artigo 1º, §§1º, 3º e 4º, do Decreto nº 9.188/2017 sobre alienações que impliquem a perda de controle acionário, por parte do Estado, de empresas públicas e de sociedades de economia mista, já houve o pronunciamento dos votos dos Ministros Gilmar Mendes e Alexandre de Moraes, que indeferiram a medida cautelar. Por fim, pediu vista dos autos o Ministro Dias Toffoli. O processo também atualmente está concluso com o atual Ministro Relator, Zanin.

Conclusão

O presente artigo abordou duas decisões do STF sobre o processo de desinvestimento de ativos em estatais, sejam empresas-mãe ou subsidiárias. Duas questões fundamentais necessitavam de esclarecimento da jurisprudência para imprimir segurança jurídica ao marco de privatização, que tem se intensificado nos últimos anos.

Em que pese as conclusões ainda não sejam definitivas, uma vez que não se trata de decisões finais, parece-nos que a linha interpretativa sugerida pelo Supremo tem como fundamento distinguir o tratamento dado entre as empresas-mãe e as subsidiárias, especialmente em razão das diversas naturezas que ostentam.

Essa evidência confirma que o modelo jurídico adotado anda conforme o modelo econômico e social do Estado que ora se desenha, com a participação mais frequente de desinvestimentos e privatizações.

Referências

ARAGÃO, Alexandre dos Santos de. Empresa público-privada. *Revista dos Tribunais*, ano 98, v. 890, dez. 2009.

BRASIL. *Lei nº 13.303, de 21 de junho de 1993*. Dispõe sobre o estatuto jurídico da empresa pública, da sociedade de economia mista e de suas subsidiárias, no âmbito da União, dos Estados, do Distrito Federal e dos Municípios. Disponível em: www.planalto.gov.br. Acesso em: 15 nov. 20.

BRASIL. *Decreto nº 9.188, de 1º de novembro de 2017*. Estabelece regras de governança, transparência e boas práticas de mercado para a adoção de regime especial de desinvestimento de ativos pelas sociedades de economia mista federais. Disponível em: www.planalto.gov.br. Acesso em: 15 nov. 20.

COÊLHO, Carolina Reis Jatobá. Inaplicabilidade da Lei de Licitações na formalização de relações fundamentadas na Lei Federal nº 11.908/09. *Revista de Direito da ADVOCEF*, ano XI, n. 22, p. 79-111, 2016.

CUNHA, Cláudia Polto da; MASTROBUONO, Cristina M. Wagner. Desestatizações, participações minoritárias e subsidiárias. *In*: MASTROBUONO, Cristina M. Wagner; MEGNA, Bruno Lopes; PINTO JR., Mario Engler (org.). *Empresas Estatais*: regime jurídico e experiência prática nos termos da Lei Federal nº 13.303/2016. São Paulo: Almedina, 2022.

PINTO JÚNIOR, Mario Engler. *Empresa Estatal*. Função Econômica e Dilemas Societários. São Paulo: Atlas, 2010.

SCHAPIRO, Mario Gomes. *Novos parâmetros para a intervenção do Estado na Economia*. São Paulo: Saraiva, 2010 (Série DireitoGV).

SOUTO, Marcos Juruena Villela. *Direito Administrativo da Economia*. Rio de Janeiro: Lumen Juris, 2003.

SUNDFELD, Carlos Ari. Participação Privada nas Empresas Estatais. *In*: SUNDFELD, Carlos Ari. *Direito Administrativo Econômico*. São Paulo: Malheiros, 2000.

Informação bibliográfica deste livro, conforme a NBR 6023:2018 da Associação Brasileira de Normas Técnicas (ABNT):

JATOBÁ, Carolina Reis; MASTROBUONO, Cristina M. Wagner. A desestatização por alienação de ativos de subsidiárias de estatais: análise das decisões do Supremo Tribunal Federal proferidas na medida cautelar da Ação Direta de Inconstitucionalidade nº 5.624 e Ação Direta de Inconstitucionalidade nº 5.841. *In*: FORTINI, Cristiana; SCHWIND, Rafael Wallbach; BRAGAGNOLI, Renila; VIEIRA, Virginia Kirchmeyer (coord.). *Empresas estatais*: análise de decisões judiciais e do controle externo. Belo Horizonte: Fórum, 2025. p. 13-26. ISBN 978-65-5518-977-3.

AVALIAÇÃO DA DECISÃO DO TCE-PR 525636/18: INAPLICABILIDADE DE LICITAÇÃO (ART. 28, §3º, I, DA LEI Nº 13.303/2016)

CHRISTIANNE DE CARVALHO STROPPA

Introdução

A publicação da Lei nº 13.303/2016, conhecida como Lei das Estatais, trouxe inovações significativas para o regime jurídico das empresas públicas e sociedades de economia mista, especialmente em relação às contratações e licitações. Entre as novidades, destaca-se o art. 28, §3º, inciso I, que introduz a possibilidade de contratação direta sem licitação em determinadas situações específicas, visando alinhar as estatais às dinâmicas do mercado e aumentar sua competitividade.

Entretanto, essa flexibilização no processo licitatório tem gerado debates sobre seus limites e aplicabilidade, sendo interpretada como um ponto de equilíbrio entre a busca por eficiência administrativa e a manutenção dos princípios constitucionais da economicidade, isonomia e publicidade. Esse tema foi objeto de análise no Acórdão nº 1961/19 do Tribunal de Contas do Estado do Paraná (TCE-PR), que, ao responder à consulta processual nº 525636/18, esclareceu aspectos centrais sobre a inaplicabilidade de licitação prevista na Lei nº 13.303/2016.[1]

---

[1] Decisão: "Consulta. Art. 28, §3º, inciso I, da Lei nº 13.303/2016. Inaplicabilidade de licitação. Contratação, prestação ou execução, de forma direta de produtos, serviços ou obras, por empresas públicas e sociedades de economia mista, desde que relacionadas com o objeto social da prestadora, com preços compatíveis com os de mercado. Conhecimento.

O presente artigo examina a decisão do TCE-PR, explorando os desafios e as oportunidades decorrentes da aplicação dessa regra, bem como suas implicações para as empresas estatais.

Contexto fático e jurídico da decisão

O Acórdão nº 1961/19 do Tribunal de Contas do Estado do Paraná (TCE-PR) trata de consulta sobre a aplicabilidade do art. 28, §3º, inciso I, da Lei nº 13.303/2016, que dispensa empresas públicas e sociedades de economia mista da obrigatoriedade de licitação em certas situações. Seguem os principais pontos:
1. Objeto da consulta: A UEG Araucária Ltda. questionou se o dispositivo mencionado permite a contratação direta entre empresas públicas e sociedades de economia mista para comercialização, prestação ou execução de produtos, serviços ou obras relacionados aos respectivos objetos sociais.
2. Posição jurídica e técnica:
    - √ O parecer jurídico apresentado pela entidade e os relatórios da Inspetoria de Controle Externo e do Ministério Público de Contas concordaram que o artigo introduziu uma nova forma de contratação direta, denominada "inaplicabilidade de licitação".
    - √ Essa modalidade se aplica desde que haja compatibilidade dos preços com os de mercado e relação com o objeto social da contratada.
3. Debate sobre a amplitude:
    - √ Divergências surgiram sobre se a regra se aplica exclusivamente às vendas de produtos ou serviços pelas empresas públicas ou também à aquisição de bens ou serviços por elas.
    - √ O Tribunal concluiu que o dispositivo abrange ambas as situações, desde que haja compatibilidade de preços e relação com o objeto social.
4. Princípios aplicáveis:
    - √ Embora o art. 28, §3º, não mencione explicitamente a necessidade de compatibilidade de preços, o princípio da economicidade (previsto constitucionalmente) exige

---

Resposta positiva ao questionamento" (TCE-PR 525636/18, Relator: Ivens Zschoerper Linhares, Tribunal Pleno, Data de Publicação: 24/07/2019).

comprovação de que os valores praticados estejam alinhados aos de mercado.
5. Decisão:
√ O Tribunal respondeu afirmativamente à consulta, autorizando a contratação direta com base no dispositivo legal, desde que observada a economicidade e a compatibilidade de preços com os de mercado.
√ A decisão foi aprovada por maioria, com votos vencidos que restringiam a aplicabilidade da regra.
6. Relevância e objetivo da Lei nº 13.303/2016:
√ A lei busca equilibrar a atuação das empresas estatais no mercado, promovendo eficiência, transparência, gestão de riscos e controle interno, mantendo princípios como publicidade e isonomia.

Fica evidente que a Lei nº 13.303/2016 não prevê qualquer ressalva para fins de observância, desta forma, se tratando de lei nacional, pelo menos no que alcança a temática de licitações e contratações, deve ser adotada por todas as empresas estatais, não importando o tipo de atividade exercida,[2] tampouco a esfera federativa a que pertençam.[3]

Destaca-se que a Lei nº 13.303/2016 apresenta um conjunto de inovações que exigem alterações profundas em suas formas de relacionamento com o poder público e com a sociedade gerando um grande desafio, que é renovar seus modelos de gestão, principalmente no campo da governança e transparência. Assim, deve a LRE ser observada por todas as empresas estatais, nos estritos termos contidos em seu art. 1º, não devendo ser efetuada qualquer ressalva em face da esfera federativa ou do tipo de atividade exercida.

---

[2] Segundo Alexandre Santos de Aragão, alertando que a LRE homogeneizou o regime contratual privado para todas as estatais, sejam elas prestadoras de serviços públicos ou de atividades econômicas *stricto sensu*, possuindo concorrentes privados ou não, haverá necessidade de alguma adaptação jurisprudencial, ante o conflito entre essa pretensão da LRE e a jurisprudência do STF, que publiciza sobremaneira as estatais prestadoras de serviços públicos sem concorrentes privados (ARAGÃO, Alexandre Santos de. *Empresas estatais*: o regime jurídico das empresas públicas e sociedades de economia mista. São Pulo: Forense, 2017, p. 256).

[3] Não houve supressão da competência local dos entes federativos, os quais continuam podendo regulamentar a LRE. Entretanto, como melhor será tratado no decorrer deste trabalho, deve-se atentar para a competência normativa das próprias estatais, que não pode ser suprimida pelos decretos locais.

Inaplicabilidade da licitação (art. 28, §3º)

O art. 28 da Lei nº 13.303/2016 impõe às estatais a obrigatoriedade de licitar, porém, em seu §3º[4] apresenta hipóteses em que é afastado o regime de licitações para a comercialização, prestação ou execução, de forma direta, pelas empresas estatais, de produtos, serviços ou obras especificamente relacionados com seus respectivos objetos sociais ou nos casos em que a escolha do parceiro esteja associada as suas características particulares, vinculada a oportunidades de negócio definidas e específicas, justificada a inviabilidade de procedimento competitivo.

Sobre as exceções ao dever de licitar previstas no art. 28, §3º, é conveniente aclarar que tais hipóteses não se confundem com a dispensa e inexigibilidade de licitação, entabuladas nos arts. 29 e 30, respectivamente, da Lei das Estatais, sendo imperiosa essa distinção, pois os casos clássicos de contratação direta são decorrência do regime de direito público e, como asseverado por Niebuhr e Niebuhr,[5] o legislador, ao prever as oportunidades de negócios do art. 28, afastou das regras de licitação e contratação direta, deixando de tangenciar as regras de direito eminentemente público, análise que se amolda à possibilidade aqui trazida em contraponto à desestatização.

Como sobredito, a Lei nº 13.303/2016 em seu art. 28, §3º, previu que as estatais estão dispensadas do dever de licitar quando for o caso de comercialização, prestação ou execução, de forma direta, de produtos, serviços ou obras especificamente relacionados com seus respectivos objetos sociais (inc. I) e nos casos em que a escolha do parceiro esteja associada às suas características particulares, vinculada a oportunidades de negócio definidas e específicas, justificada a inviabilidade de procedimento competitivo (inc. II).

Nesse cotejo, "as previsões do inciso I são destinadas ao funcionamento e a competitividade das empresas estatais, dentro do mercado próprio que atuam", ao passo que as hipóteses do "inciso II

---

[4] Art. 28, §3º. São as empresas públicas e as sociedades de economia mista dispensadas da observância dos dispositivos deste Capítulo nas seguintes situações: I - comercialização, prestação ou execução, de forma direta, pelas empresas mencionadas no caput, de produtos, serviços ou obras especificamente relacionados com seus respectivos objetos sociais; II - nos casos em que a escolha do parceiro esteja associada a suas características particulares, vinculada a oportunidades de negócio definidas e específicas, justificada a inviabilidade de procedimento competitivo.

[5] NIEBUHR, Joel de Menezes; NIEBUHR Pedro de Menezes. *Licitações e Contratos das Estatais*. Belo Horizonte: Fórum, 2018, p. 29.

se destinam a promover com agilidade as alterações de composição societária e operações no mercado de capitais".[6]

Dessa maneira, ao afastar algumas ocorrências do dever de licitar, vinculou fortemente as exceções legais à função social das empresas públicas e sociedades de economia mista, demandando instrução processual bem delineada, para uma perfeita adequação da hipótese legal.

Necessário aqui abrir um pequeno parêntese para rememorar que a própria Lei das Estatais trouxe, de maneira muito clara, o conceito da função social de uma empresa estatal em seu art. 27, aduzindo que a empresa pública e a sociedade de economia mista terão a função social de realização do interesse coletivo ou de atendimento a imperativo da segurança nacional expressa no instrumento de autorização legal para a sua criação, toada que evidentemente a lei de criação de uma estatal prestadora do serviço público de saneamento básico reconheceu e apontou como razão primeira de criação da entidade.

Deve ser acrescentada, ainda, a interpretação dada ao conceito da função social da empresa estatal, esposado no Enunciado 8,[7] que reforça que "o exercício da função social das empresas estatais é condicionado ao atendimento da sua finalidade pública específica e deve levar em conta os padrões de eficiência exigidos das sociedades empresárias atuantes no mercado, conforme delimitações e orientações dos §§1º a 3º do art. 27 da Lei 13.303/2016", trazendo, ainda mais, os influxos da iniciativa privada para as atividades mercadológicas desempenhadas pelas empresas estatais, mesmo que prestem serviços públicos.

Condições a serem observadas

Em conformidade com o contido no inciso I, §3º, art. 28 da Lei nº 13.303/2016, necessário que sejam evidenciadas no processo de contratação: (i) se tratar de exercício da própria finalidade institucional – atuação direta no mercado; (ii) possibilidade de serem dispensadas as regras de competição e contratação direta; e (iii) aplicação das regras contratuais.

Para Jessé Torres Pereira Junior, as atividades finalísticas das empresas estatais:

---

[6] BRAGAGNOLI, Renila Lacerda. *Lei nº 13.303/2016*: reflexões pontuais sobre a lei das estatais [livro eletrônico]. Curitiba: Editora JML, 2019. Disponível em: https://editora.jmlgrupo.com.br/.

[7] Aprovado na I Jornada de Direito Administrativo do Conselho da Justiça Federal, entre 3 e 7 de agosto de 2020.

(...) regem-se pelo direito privado e não estão sujeitas ao dever de licitar. Essa obrigação, no entanto, é exigível nas contratações necessárias ao exercício das atividades-meio. Não raro, determinada atividade-fim pode confundir-se com atividade-meio. A diferença entre ambas as atividades está na vinculação do contrato com o objeto cujo desenvolvimento constitui a razão de ser da empresa estatal, tal como enunciado na lei de sua criação e em seus estatutos constitutivos. A atividade-fim é aquela para a qual está vocacionada a entidade. As demais são atividades-meio e, portanto, sujeitam-se à regra da licitação.[8]

Ressalta-se que a peculiaridade da referida hipótese de contratação direta "permite que algumas estatais possam afastar não apenas a fase externa da licitação, mas também sublimar exigências burocráticas em relação à fase interna, quando pertinente".[9]

No mesmo sentido, posiciona-se Marçal Justen Filho, ao definir que a distinção teórica entre a nova hipótese de contratação direta está refletida na dimensão normativa, pois nas hipóteses de inaplicabilidade da licitação não se faria necessário o procedimento reservado para a dispensa e a inexigibilidade, significando a desnecessidade de um procedimento formal, destinado a documentar com minúcia as características do caso concreto.[10]

As condições para a inaplicabilidade da licitação previstas no art. 28, §3º, inciso I, demandam rigor técnico na instrução processual. A comprovação da compatibilidade dos preços de mercado, aliada à demonstração do vínculo com o objeto social da estatal, é essencial para garantir a economicidade e a legitimidade das contratações. Adicionalmente, o respeito aos padrões de eficiência e governança delineados no art. 27 da Lei nº 13.303/2016 reforça a necessidade de mecanismos claros de controle interno e externo, que assegurem a conformidade aos princípios fundamentais da administração pública.

---

[8] PEREIRA JUNIOR, Jessé Torres. *Comentários à Lei das Empresas Estatais:* Lei nº 13.303/2016. Belo Horizonte: Fórum, 2018. p. 135.

[9] BARCELOS, Dawison; TORRES, Ronny Charles Lopes de. *Licitações e contratos nas empresas estatais:* regime licitatório e contratual da Lei 13.303/2016. 4. ed. rev. atual. e ampl. Salvador: Juspodivm, 2024, p. 109.

[10] JUSTEN FILHO, Marçal. A contratação sem licitação nas empresas estatais. In: JUSTEN FILHO, Marçal (org.). *Estatuto jurídico das empresas estatais;* Lei 13.303/2016. São Paulo: Revista dos Tribunais, 2016, p. 290.

Conclusão

A inaplicabilidade de licitação prevista na Lei nº 13.303/2016 representa uma evolução no regime jurídico das estatais, permitindo maior eficiência e competitividade. Contudo, essa flexibilidade deve ser equilibrada por mecanismos robustos de controle e transparência. A decisão do Tribunal de Contas do Paraná reflete uma interpretação prudente, reconhecendo a validade da contratação direta, mas condicionando-a ao respeito aos princípios fundamentais da administração pública.

Esse tema é relevante não apenas para gestores de empresas estatais, mas também para operadores do Direito e órgãos de controle, pois ilustra os desafios de harmonizar a eficiência administrativa com a proteção do interesse público.

Referências

ARAGÃO, Alexandre Santos de. *Empresas estatais*: o regime jurídico das empresas públicas e sociedades de economia mista. São Pulo: Forense, 2017.

BARCELOS, Dawison; TORRES, Ronny Charles Lopes de. *Licitações e contratos nas empresas estatais*: regime licitatório e contratual da Lei 13.303/2016. 4. ed. rev. atual. e ampl. Salvador: Juspodivm, 2024.

BITTENCOURT, Sidney. *A nova lei das estatais*: novo regime de licitações e contratos nas empresas estatais. Leme (SP): JH Mizuno, 2017.

BRAGAGNOLI, Renila Lacerda. Lei nº 13.303/2016: reflexões pontuais sobre a lei das estatais [livro eletrônico]. Curitiba: Editora JML, 2019. Disponível em: https://editora.jmlgrupo.com.br.

JUSTEN FILHO, Marçal. A contratação sem licitação nas empresas estatais. In: JUSTEN FILHO, Marçal (org.). *Estatuto jurídico das empresas estatais*; Lei 13.303/2016. São Paulo: Revista dos Tribunais, 2016.

NIEBUHR, Joel de Menezes; NIEBUHR Pedro de Menezes. *Licitações e Contratos das Estatais*. Belo Horizonte: Fórum, 2018.

PEREIRA JUNIOR, Jessé Torres. *Comentários à Lei das Empresas Estatais*: Lei nº 13.303/2016. Belo Horizonte: Fórum, 2018.

Informação bibliográfica deste livro, conforme a NBR 6023:2018 da Associação Brasileira de Normas Técnicas (ABNT):

STROPPA, Christianne de Carvalho. Avaliação da decisão do TCE-PR 525636/18: inaplicabilidade de licitação (art. 28, §3º, I, da Lei nº 13.303/2016). *In*: FORTINI, Cristiana; SCHWIND, Rafael Wallbach; BRAGAGNOLI, Renila; VIEIRA, Virginia Kirchmeyer (coord.). *Empresas estatais*: análise de decisões judiciais e do controle externo. Belo Horizonte: Fórum, 2025. p. 27-33. ISBN 978-65-5518-977-3.

AVALIAÇÃO DA DECISÃO DO TCE-PR 856004/18: (NÃO) APLICAÇÃO DA LEI Nº 8.666/1993 ÀS LICITAÇÕES DAS EMPRESAS ESTATAIS

CHRISTIANNE DE CARVALHO STROPPA

Introdução

A evolução do regime jurídico aplicável às licitações e contratos das empresas estatais no Brasil reflete a busca por um modelo que, ao mesmo tempo, preserve os princípios da Administração Pública e permita maior flexibilidade operacional para essas entidades, que, como regra, atuam em um ambiente de mercado. A partir da entrada em vigor da Lei nº 13.303/2016, conhecida como Lei das Estatais, foi estabelecido um regime específico para as contratações realizadas por empresas públicas e sociedades de economia mista, em substituição à Lei nº 8.666/1993, que permaneceu, até a entrada em vigor da Lei nº 14.133/2021, aplicável aos demais órgãos da Administração Pública direta, autárquica e fundacional. O presente trabalho analisa as implicações dessa transição, explorando a relação da Lei nº 13.303/2016 com a Lei nº 8.666/1933 e com a nova Lei de Licitações e Contratos Administrativos, a Lei nº 14.133/2021.

Contexto fático e jurídico da decisão

O acórdão aqui examinado[1] trata de representação interposta junto ao Tribunal de Contas do Estado do Paraná (TCE-PR) com fundamento na Lei nº 8.666/1993, sendo que, para as empresas estatais, devem ser observadas as disposições contidas na Lei nº 13.303/2016.

A Lei nº 13.303/2016 instituiu o regime jurídico a ser observado por ocasião das licitações e contratações a serem celebradas pelas empresas públicas, sociedades de economia mista e suas subsidiárias, diferenciando-o das normas gerais de licitação pública aplicáveis aos demais órgãos e entidades da Administração Pública fulcradas na Lei Federal nº 8.666/1993.

Especificamente acerca das inovações legislativas no que tange às licitações e contratos, a Lei foi bastante discricionária, permitindo que cada empresa estatal crie e molde seu próprio regulamento de licitações (art. 40), levando em consideração suas peculiaridades e especificidades de mercado, pois a Lei Geral de Licitações, ainda de 1993, não pôde responder de maneira satisfatória e igualitariamente às empresas que prestam serviços públicos e às que desenvolvem atividade econômica.[2]

Destarte, como inovação legislativa, foi inegável o avanço que a Lei das Estatais trouxe em matéria de licitações, não apenas por delegar às empresas públicas e às sociedades de economia mista a criação de seus próprios regulamentos internos, mas por normatizar os modernos entendimentos da doutrina administrativista e da jurisprudência consolidada do Tribunal de Contas da União, acompanhando, decerto, a evolução do Direito e da sociedade, inclusive considerando que grande parte das inspirações licitatórias da Lei das Estatais adveio das boas experiências decorrentes da Lei nº 10.520/2002, Lei do Pregão, e da Lei nº 12.462/2011, Lei do RDC.

Uma questão interessante quando da elaboração do regulamento interno diz respeito à aplicação subsidiária da Lei nº 8.666/1993 às licitações e contratações das empresas estatais. A discussão é interessante justamente porque a Lei das Estatais foi uma legislação com grande impacto econômico e gerencial, sendo muito natural, no

---

[1] Decisão: "Representação da Lei nº 8.666/1993. Edital de acordo com a Lei nº 13.303/16 (Lei das Estatais). Improcedência da representação." (TCE-PR 856004/18 – Tribunal Pleno. Representação. Relator: Conselheiro Fabio de Souza Camargo. Data de Publicação: 13/09/2019).

[2] BRAGAGNOLI, Renila Lacerda. *Lei nº 13.303/2016*: reflexões pontuais sobre a lei das estatais [livro eletrônico]. Curitiba: Editora JML, 2019. Disponível em: https://editora.jmlgrupo.com.br/. Acesso em: 12 nov. 2024.

começo de sua aplicação, a existência de dificuldades práticas, o que pode demandar integração de fontes, mas, de pronto, informa-se a incompatibilidade entre as leis, o que desautoriza, ao nosso entender, a aplicação da Lei nº 8.666/1993 para suprir as eventuais lacunas da Lei nº 13.303/2016. Desta maneira, em caso de qualquer omissão ou dubiedade nas disposições da Lei das Estatais, não se deve buscar socorro nas disposições da Lei nº 8.666/1993.

Nesse sentido, foi aprovado o Enunciado 17, na I Jornada de Direito Administrativo do Conselho Nacional de Justiça, aduzindo que "os contratos celebrados pelas empresas estatais, regidos pela Lei nº 13.303/2016, não possuem aplicação subsidiária da Lei nº 8.666/1993. Em casos de lacuna contratual, aplicam-se as disposições daquela Lei e as regras e os princípios de direito privado".

Apesar de aplicação subsidiária da Lei nº 8.666/1993 ser, desde a publicação da Lei nº 13.303/2016, combatida por parte da doutrina e jurisprudência, a aprovação do Enunciado 17 aparou as eventuais arestas ainda existentes no campo prático. Com relação à Lei nº 8.666/1993, as únicas possibilidades legais de sua aplicação às licitações e contratos das empresas estatais se referem às normas de Direito Penal[3] (arts. 89 a 99)[4] e às regras de desempate pelo critério da empresa nacional (§2º, do art. 3º)[5].

Reforçando esse entendimento, Edgar Guimarães e José Anacleto Abduch Santos[6] afirmam que, diante da omissão da Lei das Estatais, é de se sustentar que não há aplicação subsidiária à Lei nº 8.666/1993.

---

[3] "A temática disciplinada nos referidos dispositivos não é de licitações e contratos, mas de direito penal, matéria de competência legislativa privativa da União (art. 22, inciso I da Constituição Federal). Desta feita, tais normas de direito penal teriam forçosamente aplicação em relação a licitações e contratos regidos pela Lei nº 13.303/2016, independentemente da referência expressa nesse sentido" (GUIMARÃES, Edgar; SANTOS, José Anacleto Abduch. *Lei das Estatais*: comentários ao regime jurídico licitatório e contratual da Lei nº 13.303/2016. Belo Horizonte: Fórum, 2017, p. 123). No mesmo sentido se posiciona Sidney Bittencourt (BITTENCOURT, Sidney. *A nova lei das estatais*: novo regime de licitações e contratos nas empresas estatais. Leme (SP): JH Mizuno, 2017, p. 179).

[4] Lei nº 13.3032016. Art. 41. Aplicam-se as licitações e contratos regidos por esta Lei as normas de direito penal contidas nos arts. 89 a 99 da Lei nº 8.666, de 21 de junho de 1993.

[5] Lei nº 13.303/2016. Art. 55. Em caso de empate entre 2 (duas) propostas, serão utilizados, na ordem em que se encontram enumerados, os seguintes critérios de desempate:
III - os critérios estabelecidos no art. 3º da Lei nº 8.248, de 23 de outubro de 1991, e no §2º do art. 3º da Lei nº 8.666, de 21 de junho de 1993.

[6] Ob. cit. p. 123.

Relação entre a Lei nº 13.303/2016 e a Lei nº 14.133/2021

A Lei nº 14.133/2021, a Nova Lei de Licitações e Contratos Administrativos, foi publicada em 1º de abril de 2021 e a partir de dia 30 de dezembro de 2023 foram totalmente revogadas[7] as Leis nº 8.666/1993, nº 10.520/2002 e os arts. 1º a 47 da Lei nº 12.462/2011 – disciplinadora do Regime Diferenciado de Contratações Públicas – RDC (inciso II, art. 193).

Como acontece com toda inovação legislativa, a doutrina tem travado acalorado debate sobre a Lei nº 14.133/2021: para alguns "parece um grande museu de novidades", já que incorporou institutos consagrados em leis especiais, positivou orientações dos órgãos de controle e apresentou texto prolixo;[8] para outros há "avanços pontuais, entretanto a nova lei reproduz a mesma gênese excessivamente burocrática, excessivamente formalista, excessivamente engessada e excessivamente desconfiada da Lei nº 8.666/1993;[9] há quem ilustre a nova lei como equivalente a um New Beetle, nos moldes de um fusquinha aprimorado;[10] há ainda aqueles que visualizam na lei grandes e profundas inovações.[11]

Sem ignorar que muitos dos instrumentos nela previstos realmente já constavam em outras legislações, não se pode negar que a principal novidade da Lei nº 14.133/2021, não encontrando qualquer correspondência na Lei nº 8.666/1993, é ter uma linha mestra baseada na governança das contratações, a ser necessariamente implementada pela alta administração do órgão ou entidade (parágrafo único do art. 11 c.c. art. 169).

No tocante às empresas estatais, o §1º do art. 1º indica que seus dispositivos não incidem nas contratações realizadas pelas empresas públicas, sociedades de economia mista e subsidiárias, as quais são regidas pela Lei nº 13.303/2016. Em complementação, o art. 185, determina que as empresas estatais apenas observarão os crimes indicados no seu art. 178.

---

[7] Redação dada ao inciso II, art. 193, da Lei nº 14.133/2021, pela Lei Complementar nº 198/2023.

[8] OLIVEIRA, Rafael Carvalho Rezende. A nova Lei de Licitações: um museu de novidades? *Consultor Jurídico*. Disponível em: https://www.conjur.com.br/2020-dez-23/rafael-oliveira-lei-licitacoes-museu-novidades. Acesso em: 14 nov. 2024.

[9] NIEBUHR, Joel de Menezes. *Licitação pública e contrato administrativo*. 5. ed. Belo Horizonte: Fórum, 2022, p. 54.

[10] Analogia utilizada por Ronny Charles Lopes de Torres em diversas palestras e aulas.

[11] Disponível em: https://www.conjur.com.br/2020-dez-23/rafael-oliveira-lei-licitacoes-museu-novidades. Acesso em: 30 maio 2022.

Como consequência, pode-se afirmar que a Lei nº 14.133/2021 resolveu eventual dúvida existente sobre a existência ou não de hierarquia com a Lei nº 13.303/2016, já que deixa evidenciado que, no exercício da competência para edição de normas gerais de licitação e contratação, foram expedidas duas normas com destinatários diferentes. Logo, na aplicação da Lei nº 13.303/2016 não é possível buscar, mesmo que por analogia, refúgio na Lei nº 14.133/2021.

A lógica da não aplicação subsidiária da Lei nº 8.666/1993 e, agora, da Lei nº 14.133/2021, ante eventuais lacunas da Lei nº 13.303/2016, também incidirá mesmo que seja possível identificar pontos de convergência, em que a aplicação subsidiária ou analógica poderia não ser incompatível. Para Dawison Barcelos e Ronny Charles Lopes de Torres, por exemplo, isso não significa que, "em momento algum, a Lei nº 8.666/1993 ou a Lei nº 14.133/2021 possam ser fonte de integração, para suprir eventuais lacunas da Lei nº 13.303/2016.[12][13]

Tendo em vista que a Lei nº 13.303/2016 confere maior autonomia às empresas estatais, "em relação ao regime engessado e burocrático previsto na Lei nº 8.666/1993, em virtude da distinção constitucional entre os regimes de contratação da administração direta e das empresas estatais (CF, art. 22, inciso XXVII, e art. 173, §1º, inciso III)",[14] não há como admitir aplicação analógica desta última em hipótese de omissão. A incidência da Lei nº 8.666/1993 se dará apenas nas hipóteses expressamente previstas na Lei nº 13.303/2016 (arts. 3º, §2º, e 89 a 99).

Como estudado por Cláudia Lima Marques, citando Erik Jayme,[15] a possibilidade de coexistência de duas legislações como normas gerais

---

[12] BARCELOS, Dawison; TORRES, Ronny Charles Lopes de. *Licitações e contratos nas empresas estatais*: regime licitatório e contratual da Lei 13.303/2016. 4. ed., rev. atual. e ampl. Salvador: Juspodivm, 2024, p. 71.

[13] O Instituto Nacional de Contratações Públicas aprovou o Enunciado 20. As estatais devem observar a obrigação de manter regulamento atualizado, nos termos do artigo 40 da Lei nº 13.303/2016, podendo, excepcionalmente, utilizar regras compatíveis da Lei nº 14.133/2021 para integração analógica (aprovado por unanimidade).

[14] GROTTI, Dinorá Adelaide Musetti. Processo licitatório das empresas estatais: finalidades, princípios e disposições gerais. *In*: HIGA, Alberto Shinji; SOUZA JUNIOR, Arthur Bezerra de (org.). *Temas atuais de direito público*: estudos em homenagem ao Professor Toshio Mukai. Londrina, PR: Toth, 2019, p. 341.

[15] Para ele "a solução dos conflitos de leis emerge agora de um diálogo entre as fontes as mais heterogêneas", como consequência, as "fontes todas não mais se excluem, ou não mais se revogam mutuamente; ao contrário, elas 'falam' uma às outras e os juízes são levados a coordenar estas fontes 'escutando' o que as fontes 'dizem'" (JAYME, Erik. Identité culturelle et intégration: le droit internacional privé postmoderne. *Apud* MARQUES, Cláudia Lima. O "diálogo das fontes" como método da nova teoria geral do Direito: um tributo a Erik Jayme. *In*: MARQUES, Cláudia Lima (coord.). *Diálogo das fontes*: do conflito à coordenação de normas do direito brasileiro. São Paulo: Revista dos Tribunais, 2012, p. 18-19).

de contratação púbica decorre do denominado 'diálogo das fontes', onde a "aplicação simultânea, coerente e coordenada das plúrimas fontes legislativas, leis especiais (como o Código de Defesa do Consumidor e a lei de planos de saúde) e leis gerais (como o Código Civil de 2002), de origem internacional (como a Convenção de Varsóvia e Montreal) e nacional (como o Código Aeronáutico e as mudanças do Código de Defesa do Consumidor), que, como afirma o mestre Heidelberg, tem campos de aplicação convergentes, mas não totalmente coincidentes ou iguais".[16]

A LRE traz grandes inovações que certamente possibilitarão a adoção de mecanismos mais eficientes para o regime de contratação, os quais não encontram respaldo nem correspondência na Lei nº 8.666/1993.

Pode-se afirmar, então, que ambas as leis (Lei nº 8.666/1993 e Lei nº 13.303/2016) são normas gerais de licitação e contratação, com fundamento no inciso XXVII do art. 22 da CF/1988. O que ambas as legislações têm em comum é a Constituição Federal de 1988, a qual deve servir como fundamento de validade a todos os seus dispositivos.

Conclusão

A Lei nº 13.303/2016 marca uma evolução significativa no regime jurídico das contratações das empresas estatais brasileiras, consolidando um modelo que valoriza a autonomia e a flexibilidade operacional dessas entidades. Ao estabelecer diretrizes específicas que atendem às particularidades de mercado, essa legislação promove uma adequação essencial entre o Direito Administrativo e as demandas contemporâneas de eficiência e governança pública. A entrada em vigor da Lei nº 14.133/2021 reforça essa diferenciação ao confirmar que, nas contratações públicas, as estatais operam sob normas exclusivas, sem a necessidade de recorrer subsidiariamente às leis gerais de licitação, como a Lei nº 8.666/1993.

Esse quadro jurídico reafirma a independência normativa das estatais, permitindo-lhes responder de forma mais ágil e eficaz às exigências de mercado, enquanto observam os princípios da

---

[16] MARQUES, Cláudia Lima. O "diálogo das fontes" como método da nova teoria geral do Direito: um tributo a Erik Jayme. *In*: MARQUES, Cláudia Lima (coord.). *Diálogo das fontes: do conflito à coordenação de normas do direito brasileiro*. São Paulo: Revista dos Tribunais, 2012, p. 19-20.

Administração Pública. A experiência prática e a jurisprudência demonstram que, ao adequar seus regulamentos internos de acordo com as diretrizes da Lei nº 13.303/2016, as estatais ganham em eficiência e governança, fortalecendo seu papel como agentes econômicos relevantes, capazes de alinhar os interesses públicos e privados.

Com isso, o marco regulatório atual incentiva uma aplicação coordenada e coerente entre as diferentes normas que regem o setor público, promovendo um "diálogo das fontes" que garante segurança jurídica e operacional às contratações públicas. A perspectiva é que, com a consolidação desse modelo, as empresas estatais continuem a evoluir suas práticas de governança, contribuindo para uma Administração Pública mais eficiente e adaptada aos desafios do século XXI.

Referências

BARCELOS, Dawison; TORRES, Ronny Charles Lopes de. *Licitações e contratos nas empresas estatais*: regime licitatório e contratual da Lei 13.303/2016. 4. ed. rev. atual. e ampl. Salvador: Juspodivm, 2024.

BITTENCOURT, Sidney. *A nova lei das estatais*: novo regime de licitações e contratos nas empresas estatais. Leme (SP): JH Mizuno, 2017.

BRAGAGNOLI, Renila Lacerda. *Lei nº 13.303/2016*: reflexões pontuais sobre a lei das estatais [livro eletrônico]. Curitiba: Editora JML, 2019. Disponível em: https://editora.jmlgrupo.com.br/.

GROTTI, Dinorá Adelaide Musetti. Processo Licitatório das Empresas Estatais: finalidades, princípios e disposições gerais. In: HIGA, Alberto Shinji; SOUZA JUNIOR, Arthur Bezerra de (org.). *Temas atuais de direito público*: estudos em homenagem ao Professor Toshio Mukai. Londrina, PR: Toth, 2019.

GUIMARÃES, Edgar; SANTOS, José Anacleto Abduch. *Lei das Estatais*: comentários ao regime jurídico licitatório e contratual da Lei nº 13.303/2016. Belo Horizonte: Fórum, 2017.

JAYME, Erik. Identité culturelle et intégration: le droit internationale privé postmoderne. Apud MARQUES, Cláudia Lima. O "diálogo das fontes" como método da nova teoria geral do Direito: um tributo a Erik Jayme. In: MARQUES, Cláudia Lima (coord.). *Diálogo das fontes:* do conflito à coordenação de normas do direito brasileiro. São Paulo: Revista dos Tribunais, 2012.

MARQUES, Cláudia Lima. O "diálogo das fontes" como método da nova teoria geral do Direito: um tributo a Erik Jayme. In: MARQUES, Cláudia Lima (coord.). *Diálogo das fontes:* do conflito à coordenação de normas do direito brasileiro. São Paulo: Revista dos Tribunais, 2012.

NIEBUHR, Joel de Menezes. *Licitação pública e contrato administrativo*. 5. ed. Belo Horizonte: Fórum, 2022.

OLIVEIRA, Rafael Carvalho Rezende. A nova Lei de Licitações: um museu de novidades? *Consultor Jurídico*. Disponível em: https://www.conjur.com.br/2020-dez-23/rafael-oliveira-lei-licitacoes-museu-novidades.

Informação bibliográfica deste livro, conforme a NBR 6023:2018 da Associação Brasileira de Normas Técnicas (ABNT):

STROPPA, Christianne de Carvalho. Avaliação da decisão do TCE-PR 856004/18: (não) aplicação da Lei nº 8.666/1993 às licitações das empresas estatais. *In*: FORTINI, Cristiana; SCHWIND, Rafael Wallbach; BRAGAGNOLI, Renila; VIEIRA, Virginia Kirchmeyer (coord.). *Empresas estatais*: análise de decisões judiciais e do controle externo. Belo Horizonte: Fórum, 2025. p. 35-42. ISBN 978-65-5518-977-3.

AVALIAÇÃO DA DECISÃO DO TCE-PE 19236797: (NÃO) APLICABILIDADE DA LEI Nº 8.666/1993 PELAS EMPRESAS ESTATAIS

CHRISTIANNE DE CARVALHO STROPPA

Introdução

A evolução do regime jurídico aplicável às licitações e contratos das empresas estatais no Brasil reflete a busca por um modelo que, ao mesmo tempo, preserve os princípios da Administração Pública e permita maior flexibilidade operacional para essas entidades, que, como regra, atuam em um ambiente de mercado. A partir da entrada em vigor da Lei nº 13.303/2016, conhecida como a Lei das Estatais, foi estabelecido um regime específico para as contratações realizadas por empresas públicas e sociedades de economia mista, em substituição à Lei nº 8.666/1993. O presente trabalho analisa a impossibilidade da Lei nº 8.666/1993 ser aplicável às licitações e contratações realizadas pelas empresas estatais após o período de transição estabelecido no art. 91 da Lei nº 13.303/2016.

Contexto fático e jurídico da decisão

O acórdão ora examinado[1] trata de uma consulta ao Tribunal de Contas do Estado de Pernambuco (TCE-PE) sobre a aplicabilidade

---

[1] Decisão: "ENTRADA EM VIGOR DA LEI 13.303/2016; IMPOSSIBILIDADE DE APLICAÇÃO DA LEI 8.666/93 PARA EMPRESAS ESTATAIS A PARTIR DE JULHO DE 2018. A partir da entrada em vigor da Lei 13.303/2016, que estabeleceu o estatuto jurídico das empresas públicas e sociedades de economia mista, as aquisições/contratações realizadas pelas estatais passaram a seguir as regras estabelecidas na referida legislação (arts. 28-67),

da Lei nº 13.303/2016 para empresas estatais, em substituição à Lei nº 8.666/1993. Em resumo, os principais pontos abordados incluem:
1. Entrada em vigor da Lei nº 13.303/2016: estabeleceu o estatuto jurídico das empresas públicas e sociedades de economia mista, definindo que essas empresas devem adotar novas regras para licitações e contratações.
2. Prazo de adequação: houve um período de transição de 24 meses, até julho de 2018, para que as estatais ajustassem seus regulamentos internos em conformidade com a Lei nº 13.303/2016. Após essa data, a utilização da Lei nº 8.666/1993 não é mais permitida para essas empresas.
3. Incompatibilidade com regime híbrido: foi ressaltado que, após o período de adaptação, não é possível utilizar uma combinação entre as Leis nº 8.666/1993 e nº 13.303/2016 para as contratações de estatais. As contratações devem seguir exclusivamente o regime da nova lei.
4. Decisão do Tribunal: o TCE-PE respondeu negativamente à possibilidade de as sociedades de economia mista realizarem licitações segundo as normas da Lei nº 8.666/1993.

Uso da Lei nº 8.666/1993 após julho de 2018

A Lei nº 13.303/2016, conhecida como a Lei das Estatais, trouxe um marco normativo próprio para regular os processos licitatórios e os contratos das empresas públicas e sociedades de economia mista. Seu art. 91 concedeu um prazo de 24 meses a partir de sua publicação (1º de julho de 2016) para que essas empresas adequassem seus regulamentos internos de licitações e contratos às novas disposições legais. Após esse período, ou seja, a partir de 1º de julho de 2018, as empresas estatais deveriam estar utilizando seus regulamentos específicos, aprovados pelos respectivos órgãos de governança, em especial, Conselhos de Administração.

De outro lado, o art. 97 da mesma Lei indicou que suas regras entrariam em vigor na data de sua publicação:

---

após as adequações necessárias dos seus normativos internos que foram realizadas (ou deveriam ter sido) até Julho de 2018, conforme determinou o citado Diploma Legal." (TCE-PE 19236797 – Tribunal Pleno. Representação. Relator: Conselheiro Marcos Loreto. Data de Publicação: 10/05/2021).

Art. 91. A empresa pública e a sociedade de economia mista constituídas anteriormente à vigência desta Lei deverão, no prazo de 24 (vinte e quatro) meses, promover as adaptações necessárias à adequação ao disposto nesta Lei.

(...)

§3º Permanecem regidos pela legislação anterior procedimentos licitatórios e contratos iniciados ou celebrados até o final do prazo previsto no caput.

(...)

Art. 97. Esta Lei entra em vigor na data de sua publicação.

Assim, qual a melhor interpretação acerca do início da vigência efetiva da Lei nº 13.303/2016 às empresas estatais?

As três correntes interpretativas

Dawison Barcelos e Ronny Charles Lopes de Torres identificaram "três diferentes correntes interpretativas, com posições próprias sobre o início da vigência das regras licitatórias disciplinadas pela Lei das Estatais".[2]

A primeira posição é a defendida por Renato Geraldo Mendes,[3] para quem a Lei nº 13.303/2016 entrou em vigor imediatamente na data de sua publicação, em 1º de julho de 2016, sendo que o prazo de 24 meses estipulado no §3º do art. 91 refere-se apenas a uma regra de transição para permitir que licitações iniciadas e contratos celebrados antes da entrada em vigor da lei pudessem ser regidos pela legislação anterior até sua conclusão ou adaptação.

A posição do autor rejeita a ideia de que esse prazo de 24 meses seja um período de vacância, argumentando que isso seria ilógico e incompatível com a urgência com que a lei foi aprovada. Interpreta o artigo referido como estabelecendo uma aplicação imediata da nova lei para todas as licitações e contratos iniciados a partir de sua publicação, enquanto reconhece que a legislação anterior ainda rege os procedimentos já em andamento até 30 de junho de 2016.

---

[2] BARCELOS, Dawison; TORRES, Ronny Charles Lopes de. *Licitações e contratos nas empresas estatais*. 4. ed. rev., atual. e ampl. São Paulo: Juspodivm, 2024, p. 47-53.

[3] MENDES, Renato Geraldo. Está em vigor a nova lei das empresas estatais (Lei 13.303/16). *Blog Zênite*. 2016. Disponível em: https://zenite.blog.br/esta-em-vigor-a-nova-lei-das-empresas-estatais-lei-13-30316/. Acesso em: 16 nov. 2024.

Além disso, critica a confusão gerada pela redação da lei, apontando que a falta de clareza sobre o conceito de vacância e transição poderia ter sido evitada com uma elaboração mais precisa do texto legislativo.

A segunda posição, defendida por Joel de Menezes Niebuhr,[4] de início, considera que a coexistência de regimes distintos – o regime geral de licitações (Lei nº 8.666/1993, Lei nº 10.520/2002 e RDC — Lei nº 12.462/2011) e o regime da Lei nº 13.303/2016 — torna a legislação confusa e aumenta as dificuldades interpretativas, com normas similares que, em contextos diferentes, podem gerar entendimentos distintos.

Por sua vez, critica o prazo de 24 meses para que as estatais se adaptem à nova lei, argumentando que a Lei nº 13.303/2016, embora tenha sido apresentada como uma medida urgente para moralizar as estatais, teve sua aplicabilidade prática adiada, o que contradiz o discurso político que justificou sua aprovação. "Assim, as novas regras licitatórias só poderiam ser utilizadas após este prazo de 24 meses".[5]

A terceira posição, defendida por Dawison Barcelos e Ronny Charles Lopes de Torres,[6] pretende uma interpretação sistemática do prazo estatuído pelo §3º do art. 91 juntamente com o *caput* e, também, com o art. 97 da Lei nº 13.303/2016.[7]

Assim, embora as novas regras licitatórias tenham entrado em vigor na data de publicação da Lei, foi concedido às estatais um prazo de até 24 (vinte e quatro) meses para se adaptarem ao novo regime licitatório e contratual. Durante esse período de transição, até que as adaptações fossem implementadas, permanecia aplicável a legislação anterior.

É importante destacar, entretanto, que o "final do prazo previsto no caput", mencionado no §3º do art. 91, não se refere necessariamente ao período integral de 24 meses, mas sim ao "prazo de adaptação", que poderia ser concluído em um intervalo menor (como 2, 6, 8, 10 ou

---

[4] NIEBUHR, Joel de Menezes. Aspectos Destacados do Novo Regime de Licitações e Contratações das Estatais. *Revista Colunista*. Direito do Estado. Disponível em: http://www.direitodoestado.com.br/colunistas/joel-de-menezes-niebuhr/aspectos-destacados-do-novo-regime-de-licitacoes-e-contratacoes-das-estatais. Acesso em: 16 nov. 2024.

[5] BARCELOS, Dawison; TORRES, Ronny Charles Lopes de. *Licitações e contratos nas empresas estatais*. 4. ed. rev., atual. e ampl. São Paulo: Juspodivm, 2024, p. 49.

[6] BARCELOS, Dawison; TORRES, Ronny Charles Lopes de. *Licitações e contratos nas empresas estatais*. 4. ed. rev., atual. e ampl. São Paulo: Juspodivm, 2024, p. 51.

[7] No mesmo sentido: NIEBUHR, Joel de Menezes; NIEBUHR, Pedro de Menezes. *Licitações e Contratos das Estatais*. Belo Horizonte: Fórum, 2018, p. 35. GUIMARÃES, Edgar; SANTOS, José Anacleto Abduch. *Lei das Estatais*: comentários ao regime jurídico licitatório e contratual da Lei nº 13.303/2016. Belo Horizonte: Fórum, 2017, p. 27-31.

12 meses, por exemplo). Assim, caso a estatal realizasse as adequações necessárias antes do término do prazo máximo estipulado, já poderia adotar o novo regime licitatório.

O uso da Lei nº 8.666/1993 por empresas estatais após julho de 2018 não é juridicamente válido. As estatais devem, obrigatoriamente, realizar seus processos licitatórios e contratações com base nos regulamentos internos aprovados conforme os princípios e regras da Lei nº 13.303. Caso não tenham regulamentado internamente no prazo, a solução não seria a aplicação da Lei nº 8.666, mas sim a aplicação direta da Lei nº 13.303, ainda que de forma subsidiária. O descumprimento dessas normas pode implicar a nulidade dos atos praticados e responsabilização dos gestores.

Conclusão

A partir de julho de 2018, as empresas estatais não podem mais se valer da Lei nº 8.666/1993 para a realização de seus procedimentos licitatórios. Isso porque a Lei nº 13.303/2016 revogou implicitamente a aplicação subsidiária da Lei nº 8.666/1993 às empresas estatais, já que criou um regime próprio e exclusivo. A continuidade do uso da Lei nº 8.666/1993 após esse marco temporal configuraria descumprimento do ordenamento jurídico.

Nesse contexto, a decisão comentada parece ter adotado a terceira corrente, não obstando o uso da Lei nº 13.303/2016 antes do prazo de 24 meses, apenas indicando referido prazo como limite para a adaptação dos regulamentos internos.

Referências

BARCELOS, Dawison; TORRES, Ronny Charles Lopes de. *Licitações e contratos nas empresas estatais*. 4. ed., rev., atual. e ampl. São Paulo: Juspodivm, 2024.

GUIMARÃES, Edgar; SANTOS, José Anacleto Abduch. *Lei das Estatais*: comentários ao regime jurídico licitatório e contratual da Lei nº 13.303/2016. Belo Horizonte: Fórum, 2017.

MENDES, Renato Geraldo. Está em vigor a nova lei das empresas estatais (Lei 13.303/16). *Blog Zênite*. 2016. Disponível em: https://zenite.blog.br/esta-em-vigor-a-nova-lei-das-empresas-estatais-lei-13-30316/.

NIEBUHR, Joel de Menezes. Aspectos Destacados do Novo Regime de Licitações e Contratações das Estatais. *Revista Colunista*. Direito do Estado. Disponível em: http://www.direitodoestado.com.br/colunistas/joel-de-menezes-niebuhr/aspectos-destacados-do-novo-regime-de-licitacoes-e-contratacoes-das-estatais.

NIEBUHR, Joel de Menezes; NIEBUHR, Pedro de Menezes. *Licitações e Contratos das Estatais*. Belo Horizonte: Fórum, 2018.

Informação bibliográfica deste livro, conforme a NBR 6023:2018 da Associação Brasileira de Normas Técnicas (ABNT):

STROPPA, Christianne de Carvalho. Avaliação da decisão do TCE-PE 19236797: (não) aplicabilidade da Lei nº 8.666/1993 pelas empresas estatais. *In*: FORTINI, Cristiana; SCHWIND, Rafael Wallbach; BRAGAGNOLI, Renila; VIEIRA, Virginia Kirchmeyer (coord.). *Empresas estatais*: análise de decisões judiciais e do controle externo. Belo Horizonte: Fórum, 2025. p. 43-48. ISBN 978-65-5518-977-3.

ACELERANDO A INOVAÇÃO NO SETOR PÚBLICO: A NOVA MODALIDADE DE LICITAÇÃO INAUGURADA PELA LEI COMPLEMENTAR Nº 182/2021 – MARCO LEGAL DAS *STARTUPS* E DO EMPREENDEDORISMO INOVADOR

CRISTIANA FORTINI
CAMILA TAMARA FALKENBERG

1 Introdução

A dinâmica acelerada do mundo contemporâneo, marcada pela disrupção tecnológica e pela crescente complexidade dos desafios sociais, exige que o setor público se adapte rapidamente para atender às demandas da sociedade.

A Lei Complementar nº 182/2021, conhecida como Marco Legal das *Startups* e do Empreendedorismo Inovador, trouxe uma importante contribuição nesse sentido, ao instituir uma nova modalidade de licitação especialmente projetada para fomentar a inovação na gestão pública.

Os processos licitatórios tradicionais, com suas exigências normativas rígidas, frequentemente impõem obstáculos à rápida implementação de soluções inovadoras no setor público. A nova modalidade introduzida pela LC nº 182/2021 busca flexibilizar esse cenário ao permitir que os órgãos públicos avaliem, de forma prática e eficiente, o desempenho de produtos e serviços inovadores antes de sua aquisição em larga escala. Dessa forma, a LC nº 182/2021 mitiga os riscos inerentes à adoção de novas tecnologias, incentivando a inovação e a modernização da gestão pública.

Além disso, diferentemente dos modelos anteriores, a nova modalidade incentiva a participação de empresas pequenas e nascentes, tais como as *startups*, as quais, muitas das vezes, possuem soluções disruptivas ainda em fase de desenvolvimento. Ao oferecer a possibilidade de testar seus produtos e serviços em um ambiente real, como o setor público, essas empresas podem validar suas soluções e acelerar seu processo de desenvolvimento.

O resultado decorrente da modalidade licitatória de que cuida a LC nº 182/2021 poderá ser a seleção de mais de uma proposta para a celebração do Contrato Público de Solução Inovadora (CPSI),[1] conforme as

---

[1] O CPSI é tratado no artigo 14 da LC nº 182/2021, transcrito abaixo:
Seção III Do Contrato Público para Solução Inovadora
Art. 14. Após homologação do resultado da licitação, a administração pública celebrará Contrato Público para Solução Inovadora (CPSI) com as proponentes selecionadas, com vigência limitada a 12 (doze) meses, prorrogável por mais um período de até 12 (doze) meses. §1º O CPSI deverá conter, entre outras cláusulas: I - as metas a serem atingidas para que seja possível a validação do êxito da solução inovadora e a metodologia para a sua aferição; II - a forma e a periodicidade da entrega à administração pública de relatórios de andamento da execução contratual, que servirão de instrumento de monitoramento, e do relatório final a ser entregue pela contratada após a conclusão da última etapa ou meta do projeto; III - a matriz de riscos entre as partes, incluídos os riscos referentes a caso fortuito, força maior, risco tecnológico, fato do príncipe e álea econômica extraordinária; IV - a definição da titularidade dos direitos de propriedade intelectual das criações resultantes do CPSI; e V - a participação nos resultados de sua exploração, assegurados às partes os direitos de exploração comercial, de licenciamento e de transferência da tecnologia de que são titulares. §2º O valor máximo a ser pago à contratada será de R$ 1.600.000,00 (um milhão e seiscentos mil reais) por CPSI, sem prejuízo da possibilidade de o edital de que trata o art. 13 desta Lei Complementar estabelecer limites inferiores. §3º A remuneração da contratada deverá ser feita de acordo com um dos seguintes critérios: I - preço fixo; II - preço fixo mais remuneração variável de incentivo; III - reembolso de custos sem remuneração adicional; IV - reembolso de custos mais remuneração variável de incentivo; ou V - reembolso de custos mais remuneração fixa de incentivo. §4º Nas hipóteses em que houver risco tecnológico, os pagamentos serão efetuados proporcionalmente aos trabalhos executados, de acordo com o cronograma físico-financeiro aprovado, observado o critério de remuneração previsto contratualmente. §5º Com exceção das remunerações variáveis de incentivo vinculadas ao cumprimento das metas contratuais, a administração pública deverá efetuar o pagamento conforme o critério adotado, ainda que os resultados almejados não sejam atingidos em decorrência do risco tecnológico, sem prejuízo da rescisão antecipada do contrato caso seja comprovada a inviabilidade técnica ou econômica da solução. §6º Na hipótese de a execução do objeto ser dividida em etapas, o pagamento relativo a cada etapa poderá adotar critérios distintos de remuneração. §7º Os pagamentos serão feitos após a execução dos trabalhos, e, a fim de garantir os meios financeiros para que a contratada implemente a etapa inicial do projeto, a administração pública deverá prever em edital o pagamento antecipado de uma parcela do preço anteriormente ao início da execução do objeto, mediante justificativa expressa. §8º Na hipótese prevista no §7º deste artigo, a administração pública certificar-se-á da execução da etapa inicial e, se houver inexecução injustificada, exigirá a devolução do valor antecipado ou efetuará as glosas necessárias nos pagamentos subsequentes, se houver.

condições estabelecidas no edital. Durante a execução do CPSI, a solução inovadora será submetida a testes rigorosos, seguindo as especificações contratuais. Caso os testes comprovem a eficácia da solução inovadora na resolução do problema público apresentado, a legislação permite à Administração celebrar um contrato de fornecimento,[2] dispensando a realização de nova licitação, para a aquisição do produto, processo ou solução resultante do CPSI.

Todavia, é importante destacar que a celebração do contrato de fornecimento, após o término do CPSI, não é obrigatória. Mesmo com o sucesso dos testes, a Administração Pública detém a discricionariedade de avaliar a conveniência e a oportunidade de prosseguir com a contratação, considerando fatores como o cumprimento das metas estabelecidas, a disponibilidade orçamentária e as demais demandas da sociedade.

Por oportuno, destaca-se que o Tribunal de Contas da União (TCU) recentemente realizou sua primeira licitação utilizando a modalidade prevista na LC nº 182/2021. Conforme divulgado no site do Tribunal,[3] o certame resultou na assinatura de três CPSIs (Contratos Públicos de Solução Inovadora), possibilitando o desenvolvimento de soluções tecnológicas inovadoras especificamente direcionadas à fiscalização de obras de pavimentação.[4]

A utilização dessa modalidade licitatória pelo principal órgão de controle do país representa um passo significativo na consolidação do

---

[2] O Contrato de Fornecimento é tratado no artigo 15 da LC nº 182/2021:
Seção IV Do Contrato de Fornecimento
Art. 15. Encerrado o contrato de que trata o art. 14 desta Lei Complementar, a administração pública poderá celebrar com a mesma contratada, sem nova licitação, contrato para o fornecimento do produto, do processo ou da solução resultante do CPSI ou, se for o caso, para integração da solução à infraestrutura tecnológica ou ao processo de trabalho da administração pública. §1º Na hipótese prevista no §6º do art. 13 desta Lei Complementar, quando mais de uma contratada cumprir satisfatoriamente as metas estabelecidas no CPSI, o contrato de fornecimento será firmado, mediante justificativa, com aquela cujo produto, processo ou solução atenda melhor às demandas públicas em termos de relação de custo e benefício com dimensões de qualidade e preço. §2º A vigência do contrato de fornecimento será limitada a 24 (vinte e quatro) meses, prorrogável por mais um período de até 24 (vinte e quatro) meses. §3º Os contratos de fornecimento serão limitados a 5 (cinco) vezes o valor máximo definido no §2º do art. 14 desta Lei Complementar para o CPSI, incluídas as eventuais prorrogações, hipótese em que o limite poderá ser ultrapassado nos casos de reajuste de preços e dos acréscimos de que trata o §1º do art. 65 da Lei nº 8.666, de 21 de junho de 1993.

[3] Disponível em: https://portal.tcu.gov.br/imprensa/noticias/tcu-assina-contrato-com-startups-para-fiscalizacao-em-obras-de-pavimentacao.htm. Acesso em: 12 nov. 2024.

[4] Além de promover a modernização dos métodos de controle e auditoria, o escopo do certame promovido pelo TCU visa aumentar a eficiência e a transparência na execução de projetos de infraestrutura, garantindo maior qualidade e segurança nas obras realizadas.

uso dessa nova modalidade, demonstrando sua viabilidade e eficácia. Além disso, reforça a confiança nas novas diretrizes estabelecidas pela legislação, destacando a importância de modernizar os processos administrativos e de fomentar a participação de *startups* e empresas inovadoras no desenvolvimento de soluções tecnológicas para o setor público.

A modalidade de licitação prevista na LC nº 182/2021 também já foi utilizada de forma pioneira no Judiciário do país, pelo Tribunal de Justiça de Minas Gerais (TJMG), visando à contratação de soluções tecnológicas e inovadoras, cujo edital tem servido de referência e inspiração para outros Tribunais e instituições brasileiras.[5]

Destaque-se, ainda, que, recentemente, a Companhia Energética de Minas Gerais (Cemig) lançou o programa "Inova Cemig.Lab"[6] para enfrentar desafios tecnológicos e se destacar em inovação aberta no setor elétrico. Para assegurar que o Inova Cemig.Lab trouxesse inovações com a devida segurança jurídica, as regras do programa foram estruturadas, de forma inédita na Companhia, conforme as regras previstas na LC nº 182/2021. A adoção dessa modalidade licitatória no âmbito do Inova Cemig.Lab permitiu que a Cemig avaliasse, de maneira prática e eficiente, o desempenho de produtos e serviços antes de sua aquisição em larga escala, contribuindo para mitigar os riscos inerentes à adoção de novas tecnologias e, consequentemente, conferindo segurança jurídica ao programa.

Fixadas tais premissas, é importante destacar que o presente estudo se concentrará apenas nos aspectos mais inovadores (e positivos) da nova modalidade licitatória, deixando para futuras pesquisas um aprofundamento nos instrumentos contratuais específicos que dela decorrem (CPSI e contrato de fornecimento).

Ao delimitar o objeto da pesquisa, busca-se oferecer uma visão clara e objetiva sobre os diferenciais e benefícios da nova modalidade licitatória introduzida pela LC nº 182/2021, contribuindo para o aprimoramento das práticas licitatórias no setor público brasileiro e para a promoção de um ambiente mais propício à inovação e ao desenvolvimento tecnológico.

---

[5] Edital disponível em: https://www.tjmg.jus.br/data/files/34/D3/36/B7/D3F768107AC592688908CCA8/Edital%20interativo%20-%20Foro%20capital_TJMG%20FINAL.pdf.

[6] Disponível em: https://inova-lab.cemig.com.br/.

2 Encomenda tecnológica *versus* a nova modalidade de licitação: inclusão das *startups* e fomento à inovação

A contratação de teste de soluções inovadoras introduzida pela LC nº 182/2021 foi inspirada na Encomenda Tecnológica (ETEC) prevista na Lei nº 10.973/2004 (Lei de Inovação), alterada pela Lei nº 13.243/2016 e regulamentada pelo Decreto nº 9.283/2018.

Nos termos do art. 20 da Lei de Inovação, a Encomenda Tecnológica permite a possibilidade de contratação direta de ICTs, entidades de direito privado sem fins lucrativos ou empresas, "voltadas para atividades de pesquisa e de reconhecida capacitação tecnológica no setor, *visando à realização de atividades de pesquisa, desenvolvimento e inovação que envolvam risco tecnológico*, para solução de problema técnico específico ou obtenção de produto, serviço ou processo inovador".[7]

De acordo com Rauen e Barbosa (2019, p. 17),[8] a Encomenda Tecnológica somente deverá ser utilizada em casos muito específicos, nos quais haja a presença inequívoca do risco tecnológico. Os requisitos fundamentais para a utilização de uma ETEC, de acordo com os autores citados, são: (i) a finalidade de superar um desafio tecnológico mediante atingimento de solução não disponível no mercado; (ii) a presença de risco tecnológico; e (iii) a necessidade de esforço formal de Pesquisa e Desenvolvimento (P&D).[9]

Rauen e Barbosa destacam, ainda, que para a utilização de ETECs, o nível de maturidade da solução desejada deve ser básico, ou seja, deve envolver um alto risco tecnológico. Com vistas a obter alguma objetividade para justificar a utilização de uma ETEC, os autores recomendam que tal instrumento seja utilizado em soluções que sejam classificadas

---

[7] Confira-se o dispositivo da Lei nº 10.973/2004 — Lei de Inovação: "Art. 20. Os órgãos e entidades da administração pública, em matéria de interesse público, poderão contratar diretamente ICT, entidades de direito privado sem fins lucrativos ou empresas, isoladamente ou em consórcios, voltadas para atividades de pesquisa e de reconhecida capacitação tecnológica no setor, visando à realização de atividades de pesquisa, desenvolvimento e inovação que envolvam risco tecnológico, para solução de problema técnico específico ou obtenção de produto, serviço ou processo inovador. (Redação pela Lei nº 13.243, de 2016)". (BRASIL, 2016).

[8] RAUEN, A. T.; BARBOSA, C. M. M. *Encomendas Tecnológicas no Brasil: guia geral de boas práticas*, Brasília: Instituto de Pesquisa Econômica Aplicada (Ipea), 2019. Disponível em: https://repositorio.ipea.gov.br/bitstream/11058/8907/1/Encomendas%20tecnol%c3%b3gicas%20no%20Brasil.pdf. Acesso em: 15 ago. 2024.

[9] Para aprofundamento no tema "Encomendas Tecnológicas" recomenda-se a leitura da obra de Rauen e Barbosa: "Encomendas Tecnológicas no Brasil: guia geral de boas práticas, publicado pelo Ipea em 2019. Disponível em: https://repositorio.ipea.gov.br/handle/11058/8907?mode=simple. Acesso em: 15 ago. 2024.

pelo menos em TRL 1 (princípios básicos observados) e abaixo do TRL 8 (solução pronta demonstrada em ambiente real/relevante).[10]

Em termos mais simples, tem-se que a ETEC deve ser utilizada quando o objetivo é encontrar uma solução para um problema que ainda não possui resposta disponível no mercado, exigindo, portanto, um esforço relevante de pesquisa e desenvolvimento (P&D) para sua resolução.

Embora a Encomenda Tecnológica seja uma ferramenta valiosa para estimular a pesquisa e o desenvolvimento, a exigência de um componente de pesquisa e desenvolvimento acentuado, frequentemente associado à criação de tecnologias completamente novas, cria uma barreira para a participação de empresas de menor porte, especialmente *startups*. Essas empresas, embora não desenvolvam tecnologias inovadoras do zero, demonstram grande capacidade de inovar de forma incremental. Elas utilizam soluções já existentes de maneira criativa e adaptam-nas para atender a demandas específicas, contribuindo significativamente para a resolução de problemas complexos.

A nova modalidade de licitação inaugurada pela LC nº 182/2021, por sua vez, apresenta um escopo mais amplo, podendo ser utilizada para testes de soluções inovadoras com qualquer nível de maturidade, tanto para as pesquisas iniciais de P&D como para soluções que requeiram meras adaptações para obtenção do produto, abrangendo, portanto, as tecnologias utilizadas por empresas pequenas e nascentes.

Além disso, a Encomenda Tecnológica não se adapta às especificidades de empresas pequenas e nascentes. Estas, por estarem em estágios iniciais de desenvolvimento, necessitam de um modelo de contratação que contemple suas particularidades, como a necessidade de apoio financeiro para escalar seus negócios e a flexibilidade para lidar com projetos em constante evolução.

Nesse sentido, uma das peculiaridades da modalidade licitatória aqui tratada reside no fato de que a administração pública remunera

---

[10] Conforme explica André Tortato Rauen, a metodologia TR foi desenvolvida pela NASA, compreendendo uma forma simples de identificar a fase de prontidão de uma tecnologia incorporada em uma solução. Por isso, ajuda a compreender o alcance de cada instrumento de contratação pública. O Tribunal de Contas da União (TCU) a tem utilizado amplamente. Em termos simples, essa ferramenta possui nove níveis, que vão desde a pesquisa mais básica, guiada pela curiosidade, até a introdução de uma tecnologia no mercado. De acordo com as respostas a um questionário-padrão, a tecnologia pode ser classificada em um desses nove níveis. A classificação em um nível depende do cumprimento de todos os requisitos. Caso contrário, a tecnologia permanece classificada no nível anterior. A metodologia é extremamente valiosa em contratos públicos, pois se tornou uma ferramenta amplamente utilizada por instituições totalmente diferentes, da defesa à saúde, em todo o mundo.

os proponentes contratados não apenas pela entrega de uma solução pronta, mas também pelo esforço de testar sua eficácia.

Essa abordagem inovadora, ao transferir parte do risco para o poder público, incentiva as *startups* a apresentarem soluções disruptivas, mesmo que ainda em fase inicial de desenvolvimento. A possibilidade de remuneração por esforços, mesmo que a solução não seja bem-sucedida, é um fator crucial para a sustentabilidade de tais empresas, que frequentemente operam com recursos limitados.

3 Abrangência da norma e potenciais contratados

No Capítulo IV, Seção I, da LC nº 182/2021, onde são estabelecidas as disposições gerais sobre a contratação de testes de soluções inovadoras, o artigo 12, parágrafo primeiro,[11] define claramente que essa modalidade incide sobre toda a administração direta, autárquica e fundacional de quaisquer poderes da União, dos Estados, do Distrito Federal e dos Municípios.

Além disso, o mesmo dispositivo, em seu parágrafo segundo,[12] estendeu a possibilidade de utilização desse regime especial às empresas públicas e sociedades de economia mista, e respectivas subsidiárias, "nos termos de seus regulamentos internos".

Em que pese a ressalva contida no citado dispositivo, não nos parece que a menção aos regulamentos internos seja condição de eficácia e aplicabilidade para as estatais, sob pena de se transformar este diploma normativo em uma norma de eficácia limitada, condicionada à existência de uma figura legislativa superveniente, no caso, um regulamento interno.

Afinal, o próprio artigo 12, parágrafo segundo, prevê que as empresas públicas e sociedades de economia mista *poderão* incorporar as regras da lei aos seus normativos internos. Essa redação indica que a

---

[11] Confira-se o dispositivo: "Art. 12. As licitações e os contratos a que se refere este Capítulo têm por finalidade: I - resolver demandas públicas que exijam solução inovadora com emprego de tecnologia; e II - promover a inovação no setor produtivo por meio do uso do poder de compra do Estado. §1º *Os órgãos e as entidades da administração pública direta, autárquica e fundacional de quaisquer dos Poderes da União, dos Estados, do Distrito Federal e dos Municípios subordinam-se ao regime disposto neste Capítulo*" (BRASIL, 2021, destaques nossos).

[12] Confira-se o dispositivo: "§2º *As empresas públicas, as sociedades de economia mista e suas subsidiárias poderão adotar, no que couber, as disposições deste Capítulo, nos termos do regulamento interno de licitações e contratações de que trata o art. 40 da Lei nº 13.303, de 30 de junho de 2016*, e seus conselhos de administração poderão estabelecer valores diferenciados para os limites de que tratam o §2º do art. 14 e o §3º do art. 15 desta Lei Complementar". (BRASIL, 2021, destaques nossos).

previsão no regulamento interno não é uma condição prévia para a aplicação da lei, mas sim uma *faculdade* que as empresas estatais possuem.

Daí porque, tendo a LC nº 182/2021 criado esta faculdade às empresas públicas e sociedades de economia mista de incorporarem procedimentos dessa lei aos seus regulamentos internos, e não tendo determinada estatal ainda o feito, nada impede que se adotem as regras diretamente da citada norma.

Para que não reste qualquer dúvida, veja que no artigo 13 da LC nº 182/2021, no qual o legislador efetivamente cria modalidade de licitação, o vocábulo "administração pública" é utilizado sem qualquer qualificação, ou seja, em sentido amplo. Convém transcrever:

> Art. 13. A *administração pública* poderá contratar pessoas físicas ou jurídicas, isoladamente ou em consórcio, para o teste de soluções inovadoras por elas desenvolvidas ou a ser desenvolvidas, com ou sem risco tecnológico, por meio de licitação na modalidade especial regida por esta Lei Complementar. (grifos nossos)

Apenas para ilustrar, nos parece que o que a LC nº 182/2021 pretende com os parágrafos do artigo 12 é explicitar que para os órgãos públicos da administração direta, autárquica e fundacional (parágrafo primeiro) os procedimentos são mandatórios, ao passo que para as estatais (parágrafo segundo) existe margem de discricionariedade para adotá-los, inclusive, tendo a faculdade de incorporá-los aos seus regulamentos internos.

Isto posto, percebe-se que, sob a perspectiva das entidades contratantes, a modalidade de licitação de que cuida a LC nº 182/2021 pode ser utilizada por um amplo espectro de órgãos e entidades da administração direta e indireta do Estado brasileiro, seja no nível federal, estadual ou municipal.

Lado outro, sob a perspectiva dos proponentes passíveis de serem contratados, Joel de Menezes Niebuhr[13] tece as seguintes considerações:

> De plano, chama a atenção que essa modalidade especial de licitação não é restrita às *startups*, quaisquer pessoas físicas ou jurídicas, isoladamente ou em consórcio, podem participar dela e firmar o contrato dela decorrente. Soa contraditório, mas o fato é que o regime de contratação

---

[13] NIEBUHR, Joel Menezes. Marco Legal das *Startups* e do Empreendedorismo Inovador. Contratação de Soluções Inovadoras pelo Estado. E-book. Disponível em: https://www.mnadvocacia.com.br/wp-content/uploads/2021/06/Marco-Legal-das-Startups-e-do-Empreendedorismo-Inovador_final.pdf. Acesso em 15 ago. 2024.

da Lei Complementar n. 182/2021, que é o marco legal das startups, não é direcionado para as startups, porém à contratação de soluções inovadoras, a serem celebradas com quaisquer pessoas que atendam as condições do edital de licitação. Noutras palavras, nada impede que uma *big tech*, se quiser, seja contratada pela Administração Pública em procedimento regido pelo marco legal das startups (Lei Complementar n. 182/2021).

Portanto, embora a LC nº 182/2021 tenha sido criada com foco em *startups*, é importante salientar que seu alcance é mais amplo. Conforme explicitado no *caput* de seu artigo 13,[14] a participação nessa modalidade de licitação não se restringe exclusivamente a empresas enquadradas como *startups*. Qualquer pessoa física ou jurídica, isoladamente ou em consórcio, pode participar dos processos licitatórios, seja ela *startup* ou não.

O intuito da lei é fomentar a competitividade e a inovação, abrindo espaço para que diversas empresas de menor porte, incluindo as *startups*, também possam apresentar suas soluções inovadoras ao setor público.

4 Diferenciais da modalidade

4.1 Ausência de prévia especificação técnica

O art. 13, §1º,[15] da LC nº 182/2021 introduz uma mudança paradigmática nos certames ao instituir que a delimitação do escopo da licitação poderá restringir-se à indicação do problema a ser resolvido e dos resultados esperados pelo órgão licitante, incluídos os desafios tecnológicos a serem superados, o que, portanto, dispensa a descrição de eventual solução técnica previamente mapeada e suas especificações técnicas, cabendo aos proponentes indicar diferentes meios para a resolução do problema.

---

[14] Confira-se o caput do artigo 13 da LC nº 182/2021: "Art. 13. A administração pública poderá contratar *pessoas físicas ou jurídicas, isoladamente ou em consórcio*, para o teste de soluções inovadoras por elas desenvolvidas ou a ser desenvolvidas, com ou sem risco tecnológico, por meio de licitação na modalidade especial regida por esta Lei Complementar". (BRASIL, 2021, destaques nossos).

[15] O parágrafo primeiro do artigo 13 assim dispõe: "Art. 13. (...) §1º *A delimitação do escopo da licitação poderá restringir-se à indicação do problema a ser resolvido e dos resultados esperados pela administração pública, incluídos os desafios tecnológicos a serem superados, dispensada a descrição de eventual solução técnica previamente mapeada e suas especificações técnicas, e caberá aos licitantes propor diferentes meios para a resolução do problema*". (BRASIL, 2021, grifos nossos).

Assim, ao invés de exigir uma especificação detalhada da solução a ser adquirida desde o início do processo licitatório, o escopo da modalidade concentra-se na definição clara do problema a ser resolvido e nos resultados esperados pela administração pública.

Ao evitar a predeterminação da solução, o setor público abre portas para um leque mais amplo de soluções inovadoras, estimulando a criatividade e a proposição de soluções disruptivas por parte das empresas. Essa flexibilidade acelera o processo de inovação, incentivando as empresas a investirem em pesquisa e desenvolvimento para atender às demandas específicas do setor público.

Além de fomentar a inovação, a ausência de prévia especificação técnica traz outros benefícios significativos: ao permitir que o mercado apresente as melhores soluções para cada problema, aumenta-se a chance de encontrar soluções mais eficientes e com custos mais baixos para o setor público e, consequentemente, possibilita a oferta de serviços públicos de maior qualidade e eficiência à população.

Exemplo prático hipotético: imagine uma sociedade de economia mista, concessionária de energia, que busca uma solução para reforçar a segurança de suas usinas hidrelétricas. Com a adoção da modalidade prevista na LC nº 182/2021, ao invés de especificar um tipo específico de sistema de vigilância, a estatal poderia apenas definir o problema como a necessidade de detectar intrusos com maior eficiência, reduzir o tempo de resposta a incidentes e minimizar custos operacionais. Com essa abordagem, as empresas poderiam apresentar propostas inovadoras, como a utilização de inteligência artificial para análise de imagens de câmeras de segurança, *drones* autônomos para o patrulhamento de áreas remotas ou sensores inteligentes para detectar movimentos suspeitos.

4.2 Preço não é o elemento central na avaliação das soluções propostas: foco no potencial para a solução dos problemas

Outra mudança significativa diz respeito à forma como as propostas serão avaliadas na licitação: diferentemente das modalidades tradicionais, em que o preço costuma ser o critério determinante, a nova modalidade adota uma abordagem mais holística, considerando uma série de fatores que vão além do valor monetário.

O artigo 13, §4º,[16] estabelece os seguintes critérios para a avaliação e julgamento das propostas, sem prejuízo de outros: (i) potencial de resolução do problema pela solução proposta e, se for o caso, da provável economia para a administração pública; (ii) grau de desenvolvimento da solução proposta; (iii) viabilidade e maturidade do modelo de negócio da solução; (iv) viabilidade econômica da proposta, considerados os recursos financeiros disponíveis para a celebração dos contratos; e (v) demonstração comparativa de custo e benefício da proposta em relação às opções funcionalmente equivalentes.

Além disso, o preço indicado pelos proponentes será levado em consideração somente quando do exame dos critérios relativos à viabilidade econômica da proposta e a sua relação de custo e benefício (art. 13, §5º).[17]

Consta-se, portanto, que a avaliação das soluções propostas pelos licitantes não se dará com base em critérios de preço, mas sim em razão do seu potencial para a solução dos problemas apresentados no edital do certame.

Assim, a nova modalidade permite que a administração pública escolha a melhor solução para cada necessidade, considerando não apenas o preço, mas também a qualidade, a inovação e a sustentabilidade das propostas. Dessa forma, será possível obter soluções mais eficientes, eficazes e duradouras para os problemas públicos apresentados.

Exemplo prático hipotético: imagine uma empresa pública de saneamento adquirindo um novo sistema de gestão visando o aprimoramento da prestação dos serviços de esgotamento sanitário e de manejo de resíduos sólidos. Caso seja utilizada uma modalidade licitatória tradicional (o pregão, por exemplo), o menor preço seria um critério decisivo, de modo que o proponente que oferecesse o sistema mais barato ganharia, independentemente da qualidade, eficiência ou sustentabilidade da ferramenta proposta. Lado outro, caso a estatal adote

---

[16] Confira-se o dispositivo: §4º Os critérios para julgamento das propostas deverão considerar, sem prejuízo de outros definidos no edital: I - o potencial de resolução do problema pela solução proposta e, se for o caso, da provável economia para a administração pública; II - o grau de desenvolvimento da solução proposta; III - a viabilidade e a maturidade do modelo de negócio da solução; IV - a viabilidade econômica da proposta, considerados os recursos financeiros disponíveis para a celebração dos contratos; e V - a demonstração comparativa de custo e benefício da proposta em relação às opções funcionalmente equivalentes. (BRASIL, 2021).

[17] Confira-se o dispositivo: §5º O preço indicado pelos proponentes para execução do objeto será critério de julgamento *somente na forma disposta nos incisos IV e V do §4º deste artigo*. (BRASIL, 2021, destaques nossos).

a modalidade da LC nº 182/2021, o preço não terá papel preponderante na escolha, na medida em que deverá ser considerada uma variedade de critérios, a saber: *potencial de resolução* (o sistema proposto precisa ser eficaz na distribuição de água, tratamento de esgoto e gestão de resíduos sólidos, além de contribuir para a redução de perdas e a promoção da sustentabilidade); *desenvolvimento* (o sistema deve ser tecnologicamente avançado e contar com um *software* intuitivo e fácil de usar); *viabilidade e maturidade* (o modelo de negócio da proponente deve ser sólido e capaz de garantir a manutenção e atualização do sistema a longo prazo); *viabilidade econômica* (o custo do sistema deve ser compatível com o orçamento da empresa pública, considerando os benefícios a serem obtidos); *custo-benefício* (a proposta deve demonstrar que o investimento no sistema trará um retorno significativo para a estatal, seja em termos de economia, melhoria da qualidade de vida da população ou geração de receita).

Com a adoção conjunta de todos esses critérios de avaliação, aumenta-se a chance de a empresa pública obter soluções mais eficientes, eficazes e duradouras para os problemas apresentados no edital.

4.3 Possibilidade de contratação de soluções inovadoras com valor superior à estimativa inicial

Somada à característica de o preço não ser um fator preponderante, a nova modalidade apresenta uma flexibilidade única ao permitir o aceite de preço superior às estimativas do próprio órgão licitante, desde que a proposta gere maior inovação tecnológica, redução de prazos de execução ou maior facilidade para manutenção ou operação (artigo 13, §10).[18]

Essa característica, que reconhece a dificuldade de estimar o custo de soluções inovadoras, estimula a proposição de soluções mais ambiciosas e personalizadas, alinhadas com as necessidades específicas da administração pública.

---

[18] Confira-se o dispositivo: Art. 13. (...) §10. Encerrada a fase de julgamento e de negociação de que trata o §9º deste artigo, *na hipótese de o preço ser superior à estimativa, a administração pública poderá, mediante justificativa expressa, com base na demonstração comparativa entre o custo e o benefício da proposta, aceitar o preço ofertado, desde que seja superior em termos de inovações, de redução do prazo de execução ou de facilidade de manutenção ou operação, limitado ao valor máximo que se propõe a pagar.* (BRASIL, 2021, destaques nossos).

No entanto, a legislação estabelece limites para essa flexibilidade, como o valor máximo por contrato (R$ 1,6 milhão)[19] e a necessidade de justificar adequadamente a escolha da proposta mais cara, com demonstração clara de que os benefícios superam os custos adicionais em termos de inovação, de redução de prazo de execução ou de facilidade de manutenção ou operação.

Exemplo prático hipotético: imagine uma licitação de uma sociedade de economia mista visando a implementação de um sistema de inteligência artificial para otimizar o atendimento ao cidadão. Uma empresa pode apresentar uma proposta com um valor superior à estimativa inicial, mas que inclua funcionalidades adicionais, como a integração com outros sistemas e a utilização de tecnologias mais avançadas. Nesse caso, a estatal poderia optar por essa proposta mesmo que o custo fosse maior, considerando os benefícios a longo prazo, como a melhoria da qualidade do atendimento e a redução de custos operacionais. Para tanto, a entidade contratante deverá demonstrar que benefícios superam os custos adicionais, em termos de inovação, de redução de prazo de execução ou de facilidade de manutenção ou operação, além de diligenciar para que o contrato firmado com o proponente selecionado não ultrapasse o teto estabelecido (R$ 1,6 milhão).

4.4 Comissão especial julgadora

Outra novidade significativa introduzida pela modalidade licitatória da LC nº 182/2021 diz respeito à necessidade de criação de uma comissão especial julgadora. Conforme dispõe o artigo 13, §3º,[20] essa comissão, composta por no mínimo três membros de

---

[19] O valor máximo por contrato celebrado é estabelecido no §2º do artigo 14 da LC nº 182/2021:
Art. 14. Após homologação do resultado da licitação, a administração pública celebrará Contrato Público para Solução Inovadora (CPSI) com as proponentes selecionadas, com vigência limitada a 12 (doze) meses, prorrogável por mais um período de até 12 (doze) meses.
(...) §2º *O valor máximo a ser pago à contratada será de R$ 1.600.000,00 (um milhão e seiscentos mil reais) por CPSI*, sem prejuízo da possibilidade de o edital de que trata o art. 13 desta Lei Complementar estabelecer limites inferiores. (BRASIL, 2021, destaques nossos).

[20] O parágrafo terceiro do art. 13 assim dispõe: §3º As propostas *serão avaliadas e julgadas por comissão especial* integrada por, no mínimo, 3 (três) pessoas de reputação ilibada e reconhecido conhecimento no assunto, das quais: I - 1 (uma) deverá ser servidor público integrante do órgão para o qual o serviço está sendo contratado; e II – 1 (uma) deverá ser professor de instituição pública de educação superior na área relacionada ao tema da contratação. (BRASIL, 2021, destaques nossos).

reconhecida idoneidade e expertise na área objeto da licitação, terá a responsabilidade de avaliar as propostas apresentadas.

A exigência de que um dos membros seja servidor público do órgão contratante (ou empregado de carreira, no caso das empresas estatais) e o outro professor de instituição pública de ensino superior demonstra a preocupação do legislador em garantir a imparcialidade do julgamento, a valorização do conhecimento técnico e a estreita relação entre o setor público e as instituições de pesquisa e ensino (universidades e faculdades).

O terceiro membro da comissão especial, por sua vez, é de escolha discricionária da Administração desde que ostente "reputação ilibada e reconhecido conhecimento no assunto".[21]

Nesse sentido, a instituição da comissão especial julgadora representa um avanço significativo na busca por maior profissionalismo e transparência nos processos licitatórios. Ao exigir a participação de especialistas na área, a lei garante que as propostas sejam avaliadas por aqueles que detêm o conhecimento técnico necessário para identificar a melhor solução para a administração pública.

Além disso, a presença de um servidor/empregado público e de um professor universitário na composição da comissão reforça o caráter público da licitação e a importância da academia na promoção da inovação e do desenvolvimento tecnológico no país. Essa medida, ao valorizar o conhecimento técnico e a experiência acadêmica, contribui para a seleção de soluções mais eficientes e inovadoras, em consonância com os princípios da administração pública.

Exemplo prático hipotético: uma sociedade de economia mista, concessionária de energia elétrica, pretende adquirir uma ferramenta capaz de auxiliar na redução e mitigação dos impactos de suas usinas hidrelétricas na ictiofauna. Para isso, a concessionária decide utilizar a modalidade de licitação prevista na LC nº 182/2021, destinada à contratação de soluções inovadoras.

De acordo com as exigências da lei (artigo 13, §3º), a comissão especial julgadora deve ser composta por, no mínimo, três membros com reconhecida experiência na área. Para este caso, a comissão poderia ser formada por: *(a) membro 1*: um biólogo da concessionária, responsável

---

[21] NIEBUHR, Joel Menezes. Marco Legal das *Startups* e do Empreendedorismo Inovador. Contratação de Soluções Inovadoras pelo Estado. E-book. Disponível em: https://www.mnadvocacia.com.br/wp-content/uploads/2021/06/Marco-Legal-das-Startups-e-do-Empreendedorismo-Inovador_final.pdf. Acesso em: 15 ago. 2024.

pela área de meio ambiente. Esse biólogo possui ampla experiência em ecologia aquática e conhecimento técnico sobre as ferramentas disponíveis no mercado; *(b) membro 2*: um professor universitário da área de biologia ou engenharia ambiental de uma universidade pública da região. Esse professor possui expertise em tecnologias de mitigação de impactos ambientais e pode avaliar as propostas sob a perspectiva da inovação e da sustentabilidade; *(c) membro 3*: um especialista em sistemas de informação de uma empresa de consultoria. Esse especialista possui conhecimento técnico sobre sistemas de monitoramento e pode avaliar a eficiência e a usabilidade das ferramentas propostas pelas empresas participantes.

A comissão especial julgadora teria a responsabilidade de analisar as propostas apresentadas, considerando os seguintes critérios: (i) *eficiência*: a capacidade da ferramenta de mitigar os impactos das usinas hidrelétricas na ictiofauna, reduzindo a mortalidade de peixes e promovendo a conservação das espécies; (ii) *inovação*: o grau de inovação da solução proposta, considerando o uso de tecnologias avançadas e a capacidade de adaptação às necessidades específicas da estatal contratante; (iii) *sustentabilidade*: O impacto ambiental da solução proposta, considerando a promoção da biodiversidade e a minimização dos efeitos negativos das usinas hidrelétricas; (iv) *custo-benefício*: a relação entre o custo da ferramenta e os benefícios que ela proporcionará à concessionária a longo prazo.

Além disso, como benefícios da criação da comissão especial poderiam ser listados os seguintes: (i) *imparcialidade*: a presença de um empregado da concessionária e de um professor universitário contribuiria para garantir a imparcialidade do julgamento, evitando a influência de interesses particulares; (ii) *expertise técnica*: a avaliação das propostas será realizada por profissionais com conhecimento técnico na área, o que aumentaria a qualidade da decisão; (iii) *transparência*: a composição da comissão e os critérios de avaliação são públicos, o que contribuiria para a transparência do processo licitatório; (iv) *inovação*: a presença do professor universitário estimularia a busca por soluções inovadoras e a valorização da pesquisa e do desenvolvimento tecnológico.

Concluindo, temos que a criação da comissão especial julgadora contribui para a seleção de soluções mais eficientes e inovadoras para a administração pública. Ao garantir a participação de especialistas e promover a transparência do processo, essa medida representa um avanço significativo na gestão pública.

4.5 Possibilidade de dispensar a prestação de garantia, bem como a documentação de habilitação e de regularidade fiscal

No espírito de fomento à participação das *startups* nas licitações, o artigo 13, §8º,[22] previu que, desde que justificadamente, o órgão licitante poderá dispensar, no todo ou em parte, a documentação de habilitação jurídica, qualificação técnica, qualificação econômico-financeira e regularidade fiscal, excepcionados débitos com o sistema de seguridade social. O inciso II do mesmo §8º também autoriza que o edital dispense a exigência de garantias.

Essa medida democratiza a inovação, na medida em que facilita o acesso às licitações por *startups* e empresas nascentes que, em regra, não dispõem de patrimônio ou sofrem com restrições financeiras.

Exemplo prático hipotético: imagine uma *startup* de tecnologia que desenvolveu um aplicativo inovador para otimizar a coleta de lixo em uma cidade. Caso o certame seja regido pela modalidade da LC nº 182/2021, essa *startup* poderá participar da licitação para implementar seu sistema sem a necessidade de apresentar a mesma quantidade de documentação usualmente exigida nas licitações tradicionais. Essa simplificação incentivaria a inovação, possibilitando que pequenas empresas com soluções disruptivas possam competir em igualdade de condições com grandes corporações, trazendo benefícios como a redução de custos para a administração pública e a melhoria dos serviços prestados à população.

5 Conclusão

A LC nº 182/2021 introduz uma nova modalidade de licitação que representa um marco na aquisição de soluções inovadoras pelo setor público.

Ao desvincular a licitação de especificações técnicas predefinidas e adotar uma abordagem centrada nos resultados, a lei estimula a criatividade e a proposição de soluções disruptivas, acelerando o processo

---

[22] Confira-se o inteiro teor do dispositivo:
§8º Ressalvado o disposto no §3º do art. 195 da Constituição Federal, a administração pública poderá, mediante justificativa expressa, *dispensar, no todo ou em parte*: I - a documentação de habilitação de que tratam os incisos I, II e III, bem como a regularidade fiscal prevista no inciso IV do caput do art. 27 da Lei nº 8.666, de 21 de junho de 1993; e II - a prestação de garantia para a contratação. (BRASIL, 2021, destaques nossos).

de inovação e permitindo a aquisição de soluções mais eficientes e eficazes para os problemas públicos.

A avaliação das propostas, pautada em critérios como potencial de resolução, grau de desenvolvimento e viabilidade econômica, além de permitir a escolha da melhor solução para cada necessidade, contribui para a seleção de soluções mais sustentáveis e alinhadas com as políticas públicas.

A flexibilização quanto à exigência de garantia e documentação de habilitação democratiza o acesso à inovação, possibilitando a participação de *startups* e empresas de pequeno porte.

A criação de uma comissão especial julgadora, composta por especialistas da área, garante maior profissionalismo e transparência nos processos licitatórios, contribuindo para a seleção de soluções mais eficientes e inovadoras.

Em suma, a nova modalidade de licitação prevista na LC nº 182/2021 representa um avanço significativo na forma como o setor público adquire soluções inovadoras, promovendo a eficiência, a transparência e a inovação nos processos licitatórios.

Ao estimular a competição entre empresas inovadoras e permitir a aquisição de soluções personalizadas e mais adequadas às necessidades específicas de cada órgão público, a lei contribui para a modernização da gestão pública e para a melhoria dos serviços prestados à população.

Referências

BANCO INTERAMERICANO DE DESENVOLVIMENTO (BID); TRIBUNAL DE CONTAS DA UNIÃO (TCU); AGÊNCIA TELLUS. INOVAMOS: modelo de apoio a compras públicas de inovação. Brasília: BID, TCU e Tellus, 2021. Disponível em: https://portal.tcu.gov.br/data/files/02/12/B7/05/1EDC9710FC66CE87E18818A8/Inovamos_modelo_apoio_compras_publicas_inovacao.pdf. Acesso em: 15 ago. 2024.

BRASIL. *Lei Complementar nº 182, de 1º de junho de 2021*. Institui o marco legal das *startups* e do empreendedorismo inovador; e altera a Lei nº 6.404, de 15 de dezembro de 1976, e a Lei Complementar nº 123, de 14 de dezembro de 2006. *Diário Oficial da União*, Brasília, jun. 2021. Disponível em: https://www.planalto.gov.br/ccivil_03/leis/lcp/lcp182.htm. Acesso em: 15 ago. 2024.

BRASIL. *Lei nº 10.973, de 2 de dezembro de 2004*. Dispõe sobre incentivos à inovação e à pesquisa científica e tecnológica no ambiente produtivo e dá outras providências, 2004. Disponível em: https://www.planalto.gov.br/CCIVIL_03/_Ato20042006/2004/Lei/L10.973.htm. Acesso em: 15 ago. 2024.

NIEBUHR, Joel Menezes. Marco Legal das *Startups* e do Empreendedorismo Inovador. Contratação de Soluções Inovadoras pelo Estado. E-book. Disponível em: https://www.mnadvocacia.com.br/wp-content/uploads/2021/06/Marco-Legal-das-Startups-e-do-Empreendedorismo-Inovador_final.pdf. Acesso em: 15 ago. 2024.

RAUEN, André Tortato (org.). *Compras públicas para inovação no Brasil*: novas possibilidades legais. Brasília: IPEA, 2022. Disponível em: https://repositorio.ipea.gov.br/handle/11058/11623. Acesso em: 15 ago. 2024.

RAUEN, A. T. *Encomendas tecnológicas no Brasil:* novas possibilidades legais. Nota técnica nº 41, Diset — Diretoria de Estudos e Políticas Setoriais de Inovação e Infraestrutura. Brasília: Ipea, 2018. Disponível em: https://repositorio.ipea.gov.br/handle/11058/8582. Acesso em: 15 ago. 2024.

RAUEN, A. T.; BARBOSA, C. M. M. *Encomendas Tecnológicas no Brasil*: guia geral de boas práticas, Brasília: Instituto de Pesquisa Econômica Aplicada (Ipea), 2019. Disponível em: https://repositorio.ipea.gov.br/handle/11058/8907?mode=simple. Acesso em: 15 ago. 2024.

Informação bibliográfica deste livro, conforme a NBR 6023:2018 da Associação Brasileira de Normas Técnicas (ABNT):

SILVA, Cristiana Maria Fortini Pinto e; FALKENBERG, Camila Tamara. Acelerando a inovação no setor público: a nova modalidade de licitação inaugurada pela Lei Complementar nº 182/2021 – Marco Legal das *Startups* e do Empreendedorismo Inovador. In: FORTINI, Cristiana; SCHWIND, Rafael Wallbach; BRAGAGNOLI, Renila; VIEIRA, Virginia Kirchmeyer (coord.). *Empresas estatais*: análise de decisões judiciais e do controle externo. Belo Horizonte: Fórum, 2025. p. 49-66. ISBN 978-65-5518-977-3.

DISPENSA DE EMPREGADOS PÚBLICOS EM SOCIEDADES DE ECONOMIA MISTA: ANÁLISE DOS IMPACTOS DO JULGAMENTO DO TEMA 1.022 PELO STF PARA AS EMPRESAS ESTATAIS

CRISTIANA FORTINI

ALESSANDRA GIORDANO

1 Histórico do tema no STF — o caso ECT

Desde a promulgação da Constituição Federal de 1988, e especialmente após a Emenda Constitucional nº 19/98, que evidenciou o alcance da estabilidade como uma prerrogativa exclusiva dos servidores ocupantes de cargos efetivos, consolidou-se o entendimento de que o art. 41 da Constituição é inaplicável aos empregados públicos. Contudo, a questão da necessidade de motivação para a dispensa de tais empregados sempre foi tema recorrente nos tribunais.

Durante algum tempo, o posicionamento prevalecente era de que a dispensa dos empregados de empresas públicas e sociedades de economia mista poderia se dar livremente, diante da legislação trabalhista aplicada às estatais, nos termos do art. 173, §1º, II, da Constituição da República, tendo o próprio Tribunal Superior do Trabalho – TST adotado, por anos, o entendimento de que não seria necessário motivar o ato de dispensa do empregado público, conforme Orientação Jurisprudencial nº 247 da SDI-1:

247. SERVIDOR PÚBLICO. CELETISTA CONCURSADO. DESPEDIDA IMOTIVADA. EMPRESA PÚBLICA OU SOCIEDADE DE ECONOMIA MISTA. POSSIBILIDADE

I - A despedida de empregados de empresa pública e de sociedade de economia mista, mesmo admitidos por concurso público, independe de ato motivado para sua validade;

II - A validade do ato de despedida do empregado da Empresa Brasileira de Correios e Telégrafos (ECT) está condicionada à motivação, por gozar a empresa do mesmo tratamento destinado à Fazenda Pública em relação à imunidade tributária e à execução por precatório, além das prerrogativas de foro, prazos e custas processuais.

A matéria, entretanto, foi levada à Suprema Corte e decidida pelo Plenário do Supremo Tribunal Federal – STF em 2013, ocasião em que, ao julgar o Recurso Extraordinário RE nº 589.998/PI (Tema 131, de Relatoria do Ministro Ricardo Lewandowski), envolvendo a Empresa Brasileira de Correios e Telégrafos – ECT, o STF fixou tese no sentido de que os empregados públicos das empresas públicas e sociedades de economia mista não fazem jus à estabilidade prevista no art. 41 da Constituição Federal, mas a dispensa desses deve ser motivada, de modo a observar, também no momento da dispensa, os princípios da impessoalidade e isonomia, que regem a admissão por concurso público.[1]

Essa decisão alterou de forma contundente a jurisprudência e a doutrina acerca do assunto.

Posteriormente, em novembro de 2018, quando do julgamento dos Embargos de Declaração opostos pela ECT no RE nº 589.998/PI, o STF reajustou a tese já fixada dispondo que deve haver a exposição dos motivos ensejadores da dispensa, sem exigir, no entanto, processo administrativo prévio. Além disso, esclareceu no acórdão a abrangência da tese fixada em repercussão geral, determinando que seria aplicável somente à ECT.[2]

Quanto ao alcance da repercussão geral julgada no RE nº 589.998, fica claro no trecho do voto do Ministro Luís Roberto Barroso

---

[1] BRASIL. Supremo Tribunal Federal (Tribunal Pleno). Recurso Extraordinário 589.998. Empresa Brasileira de Correios e Telégrafos – ECT. Demissão imotivada de seus empregados. Impossibilidade. Necessidade de motivação da dispensa Recorrente: Empresa Brasileira de Correios e Telégrafos – ECT. Recorrido: Humberto Pereira Rodrigues. Relator: Ministro Ricardo Lewandowsky, 20 de março de 2013. Disponível no site do Supremo Tribunal Federal. Acesso em: 10 jan. 2025.

[2] *Id*. Disponível em: downloadPeca.asp. Acesso em: 10 jan. 2025.

que a limitação da referida decisão aos Correios se deu em razão da impossibilidade de que a esfera de direitos de outras pessoas e entidades que não figuraram formalmente como parte do processo sejam afetadas e, além disso, a solução da controvérsia considerou as peculiaridades da ECT. Interpretação diversa, de extensão da decisão às demais estatais, ofenderia a garantia constitucional do contraditório e da ampla defesa.[3]

Portanto, apesar de a tese fixada no referido julgamento ter servido de baliza interpretativa para a situação das demais estatais, não estava pacificada, de forma definitiva, a aplicabilidade desse entendimento às sociedades de economia mista e empresas públicas que exploram atividade econômica em regime concorrencial.

A matéria subiu novamente ao STF em dezembro de 2018, dessa vez, por meio do Recurso Extraordinário nº 688.267/CE interposto por ex-empregados do Banco do Brasil, tendo sido reconhecida repercussão geral pelo Plenário em razão de a controvérsia envolver empresa fortemente ligada à atividade econômica, sendo, portanto, divergente da situação analisada no RE nº 589.988. Determinou-se, ainda, a suspensão nacional de todos os processos envolvendo o tema.

Diante disso as estatais tiveram inúmeros processos suspensos que ficaram aguardando, por anos, o julgamento do RE nº 688.267.

2 Análise do julgamento do RE nº 688.267/CE – o caso Banco do Brasil

O Recurso Extraordinário nº 688.267/CE foi apresentado por ex-empregados do Banco do Brasil, com base nos artigos 37, *caput*, e 41 da Constituição Federal, sob o fundamento de terem sofrido dispensas sem a devida motivação no ano de 1997. O objetivo era tentar reverter, no STF, a decisão do TST que negou a reintegração dos ex-empregados e, acatando a tese empresarial, entendeu ser possível a dispensa de empregados de empresas públicas e sociedades de economia mista sem motivação, exceto nos casos de justa causa, por se sujeitarem as estatais ao regime jurídico das empresas privadas.

Em dezembro de 2018 foi reconhecida a repercussão geral do tema pelo STF (Tema 1.022) por meio de decisão que reconheceu a relevância da controvérsia colocada nos autos diante do envolvimento de estatal com forte presença no domínio econômico, atuação no

---

[3] *Id.* p. 23/24. Disponível em: downloadPeca.asp. Acesso em: 10 jan. 2025.

regime concorrencial e peculiaridade quanto à forma de admissão por concurso público.

Em decisão proferida em 28.02.24, e conforme acórdão publicado em 29.04.24, o STF fixou a seguinte tese ao julgar o Tema 1.022:

> As empresas públicas e as sociedades de economia mista, sejam elas prestadoras de serviço público ou exploradoras de atividade econômica, ainda que em regime concorrencial, têm o dever jurídico de motivar, em ato formal, a demissão de seus empregados concursados, não se exigindo processo administrativo. Tal motivação deve consistir em fundamento razoável, não se exigindo, porém, que se enquadre nas hipóteses de justa causa da legislação trabalhista.

A seguir a ementa do julgamento:

> DIREITO CONSTITUCIONAL E DO TRABALHO. RECURSO EXTRA-ORDINÁRIO. DISPENSA SEM JUSTA CAUSA DE EMPREGADOS DE SOCIEDADE DE ECONOMIA MISTA. DEVER DE MOTIVAÇÃO.
> 1. Recurso extraordinário em que se discute a necessidade de motivação da dispensa de empregados de empresas públicas e sociedades de economia mista admitidos após aprovação em concurso público.
> 2. No RE 589.998 (Rel. Min. Ricardo Lewandowski, j. em 20.03.2013), o Supremo Tribunal Federal decidiu que a Empresa Brasileira de Correios e Telégrafos – ECT, empresa prestadora de serviço público em regime de exclusividade, que desfruta de imunidade tributária recíproca e paga suas dívidas mediante precatório, deve motivar a demissão de seus empregados.
> 3. A mesma exigência deve recair sobre as demais empresas públicas e sociedades economia mista, que, independentemente da atividade que exerçam, também estão sujeitas ao art. 37, caput, da Constituição. Assim como ocorre na admissão, a dispensa de empregados públicos também deve observar o princípio da impessoalidade, motivo por que se exige a exposição de suas razões.
> 4. O ônus imposto às estatais tem contornos bastante limitados. Não se exige que a razão apresentada se enquadre em alguma das hipóteses previstas na legislação trabalhista como justa causa para a dispensa de empregados. O que se demanda é apenas a indicação por escrito dos motivos da dispensa, sem prévio processo administrativo ou contraditório.
> 5. A mera exigência de motivação do ato de dispensa dos empregados de estatais não iguala o seu regime jurídico àquele incidente sobre os servidores públicos efetivos, que gozam da garantia de estabilidade. De modo que o direito que cabe aos empregados públicos dispensados

sem justa causa de receber multa equivalente a 40% sobre o saldo de sua conta vinculada no FGTS não obsta o reconhecimento da necessidade de motivação da dispensa, de que não decorre situação de privilégio injustificado para eles.
6. Modulação dos efeitos do presente acórdão, que terá eficácia somente a partir da publicação da ata de julgamento.
7. Recurso extraordinário a que se nega provimento, com fixação da seguinte tese: As empresas públicas e as sociedades de economia mista, sejam elas prestadoras de serviço público ou exploradoras de atividade econômica, ainda que em regime concorrencial, têm o dever jurídico de motivar, em ato formal, a demissão de seus empregados concursados, não se exigindo processo administrativo. Tal motivação deve consistir em fundamento razoável, não se exigindo, porém, que se enquadre nas hipóteses de justa causa da legislação trabalhista. (RE 688267, Relator(a): ALEXANDRE DE MORAES, Relator(a) p/ Acórdão: LUÍS ROBERTO BARROSO, Tribunal Pleno, julgado em 28-02-2024, PROCESSO ELETRÔNICO REPERCUSSÃO GERAL - MÉRITO DJe-s/n DIVULG 26-04-2024 PUBLIC 29-04-2024).[4]

A Suprema Corte pacificou, portanto, entendimento no sentido de que empresas estatais precisam apresentar motivação formal ao demitir empregados contratados por meio de concurso público, devendo indicar claramente, em ato formal, as razões da dispensa.

O Relator, Ministro Alexandre de Moraes, votou pela desnecessidade de motivação da dispensa, entendendo que às sociedades de economia mista e empresas públicas se aplica o regime jurídico das empresas privadas, à luz do artigo 173 da Constituição.[5] Acompanharam o relator os Ministros Gilmar Mendes e Nunes Marques.

No entanto, prevaleceu a divergência aberta pelo Ministro Luís Roberto Barroso no sentido de que basta que a entidade indique, por escrito, os motivos que a levaram a dispensar seus empregados sem justa causa, não sendo exigido que o motivo apresentado se enquadre em alguma das hipóteses de justa causa, nem que a sua exposição se

---

[4] BRASIL. Supremo Tribunal Federal (Tribunal Pleno). Recurso Extraordinário nº 688267. Dispensa imotivada de empregado de empresa pública e de sociedade de economia mista admitido por concurso público. Recorrente: João Erivan Nogueira de Aquivo e outro (a/s). Recorrido: Banco do Brasil. Relator: Ministro Luís Roberto Barroso, 28 de fevereiro de 2024. Disponível em Supremo Tribunal Federal. Acesso em: 10 jan. 2025.

[5] Art. 173 Ressalvados os casos previstos nesta Constituição, a exploração direta de atividade econômica pelo Estado só será permitida quando necessária aos imperativos da segurança nacional ou a relevante interesse coletivo, conforme definidos em lei. BRASIL. Constituição da República Federativa do Brasil de 1988. Disponível em Constituição. Acesso em: 10 jan. 2025.

dê mediante a instauração formal de processo administrativo prévio à demissão ou que haja contraditório.

Importante observar que o conceito "fundamento razoável", conforme constou da tese proposta pelo Ministro Barroso, ensejou controvérsia entre os Ministros.

O Ministro Gilmar Mendes ponderou:

> O que seria o fundamento razoável? Vamos deixar para que a Justiça Trabalhista faça essa análise casuística e, em nome de uma suposta proteção ao trabalhador, possa rechaçar qualquer argumento trazido pelos gestores daquela empresa estatal lato sensu?[6]

O Relator, Ministro Alexandre de Moraes, também entendeu que a expressão abre espaço para mais judicialização e ativismo do Judiciário trabalhista.[7]

No entanto, após intensos debates, constou do acórdão publicado a necessidade de que o ato da motivação da dispensa seja "razoável". Os Ministros Barroso e Flávio Dino defenderam que a razoabilidade tem que estar implícita em todos os atos do poder público.[8]

De fato, o princípio da razoabilidade visa inibir eventuais abusos do Poder Público e o que pretendeu o STF foi exatamente afastar a irrazoabilidade no momento da motivação das dispensas dos empregados, conferindo ao magistrado que irá apreciar o caso concreto analisar se a motivação apresentada pelas empresas estatais que levaram à demissão de seus empregados é justa e coerente com a realidade fática apresentada.

No entanto, se de um lado a tese fixada visou afastar a motivação desarrazoada, de outro abriu possibilidade para que a Justiça do Trabalho fosse inundada por processos nos quais se busca interpretação acerca do que vem a ser um motivo razoável para as dispensas de empregados públicos.

As empresas devem, pois, se preocupar com os fundamentos da motivação a serem utilizados para justificar a extinção do vínculo, devendo se basear em motivos legítimos, aptos a amparar a medida. Ademais, a documentação que apoia as decisões deve ser passível de demonstrar em juízo a adequação e necessidade do ato da dispensa.

---

[6] *Id.* p. 180. Disponível em downloadPeca.asp. Acesso em: 10 jan. 2025.
[7] *Id.* p. 181. Disponível em: downloadPeca.asp. Acesso em: 10 jan. 2025.
[8] *Id.* p. 182. Disponível em: downloadPeca.asp. Acesso em: 10 jan. 2025.

3 Reflexões finais – a polêmica expressão "fundamento razoável"

Convergindo com os entendimentos dos Ministros Alexandre de Moraes e Gilmar Mendes, cabe a reflexão acerca da imprescindibilidade de inserção da expressão "razoável" à tese fixada pelo Supremo, já que o próprio Ministro Barroso, que abriu a divergência, considerou que a observância a tal princípio independe de explicitação. Nos termos em que foi fixada a tese, o STF acabou por conceder "permissão" expressa para que a Justiça do Trabalho analisasse as decisões administrativas empresariais, interferindo, muitas vezes indevidamente, em questões relevantes para as empresas estatais, principalmente naquelas que atuam em regime concorrencial, que dizem respeito à gestão de pessoas.

Importante pontuar que, se a empresa, a título de exemplo, fundamentar a dispensa na ausência de necessidade da atividade, não haveria espaço para que o Judiciário interferisse na avaliação para, na contramão, dizer que a atividade é sim relevante. Trata-se de avaliação da empresa que há de estar consubstanciada em documentos que a lastreiam.

O foco central na Justiça do Trabalho deveria ser, sob a ótica da Teoria dos Motivos Determinantes, a validade do ato, ou seja, se os motivos indicados para o fundamento das dispensas são verdadeiros, legítimos e juridicamente adequados para sustentar as demissões.

A isso se soma a necessidade de averiguar se se trata de métrica objetiva e não de perseguições internas ou, ainda, modo de evitar um processo administrativo disciplinar para aqueles que feriram os padrões de comportamento e aos quais se atribui a prática de ato infracional. A dispensa a que se faz alusão é desconectada de possíveis falhas de comportamento puníveis com justa causa e está suportada em argumento objetivo a alcançar todas as pessoas que se encontrem em dada situação, em atenção ao princípio da isonomia. Esse enfoque garante que a análise do ato de dispensa seja feita de forma objetiva, com base na conformidade entre os motivos declarados e a realidade dos fatos.

Dessa forma a Justiça do Trabalho cumpre o seu papel de assegurar os direitos dos trabalhadores, sem que haja interferência indevida na gestão empresarial, limitando-se à verificação da legitimidade dos motivos determinantes para o ato de dispensa e, consequentemente, da sua validade.

Além disso, ao inserir conceito dotado de tamanha subjetividade, o STF atuou em desfavor do movimento de "desjudicialização" e a favor do "demandismo", o que fará com que, oportunamente, o próprio Supremo tenha que enfrentar novamente a questão.

Informação bibliográfica deste livro, conforme a NBR 6023:2018 da Associação Brasileira de Normas Técnicas (ABNT):

FORTINI, Cristiana; GIORDANO, Alessandra Martins Assunção. Dispensa de empregados públicos em sociedades de economia mista: análise dos impactos do julgamento do Tema 1.022 pelo STF para as empresas estatais. *In*: FORTINI, Cristiana; SCHWIND, Rafael Wallbach; BRAGAGNOLI, Renila; VIEIRA, Virginia Kirchmeyer (coord.). *Empresas estatais*: análise de decisões judiciais e do controle externo. Belo Horizonte: Fórum, 2025. p. 67-74. ISBN 978-65-5518-977-3.

EMPRESAS ESTATAIS E RISCO EMPRESARIAL: DISTINÇÃO ENTRE PREJUÍZO E DANO AO ERÁRIO E A QUESTÃO DO ERRO GROSSEIRO DOS GESTORES

RAFAEL WALLBACH SCHWIND

1 Introdução

Em geral, empresas estatais desempenham atividades econômicas, muitas vezes inclusive em concorrência no mercado com empresas sem qualquer participação do Estado. Nesse contexto, é natural que suas decisões empresariais sejam derivadas de avaliações de risco, as quais devem ser feitas do modo mais bem informado e ponderado possível.

Mesmo assim, essas avaliações envolvem riscos, e a decisão empresarial tomada pode inclusive gerar prejuízos à empresa estatal. Em situações como esta, deve haver a responsabilização dos gestores da estatal? O negócio realizado — por exemplo, a aquisição de uma participação acionária — deve (ou pode) ser revertido?

Em 3 de julho de 2024, o TCU proferiu decisão (Acórdão nº 1327/2024-Plenário, Rel. Min. Jorge Oliveira, j. 3.7.2024[1]) que analisou

---

[1] Sumário do Acórdão: "TOMADA DE CONTAS ESPECIAL. OPERAÇÃO DE APOIO FINANCEIRO DA BNDES PARTICIPAÇÕES À AQUISIÇÃO DAS EMPRESAS NORTE-AMERICANAS NATIONAL BEEF PACKING CO. E SMITHFIELD FOODS INC. PELA JBS S.A. CITAÇÕES SOLIDÁRIAS E AUDIÊNCIAS. EXCLUSÃO DE RESPONSÁVEIS. LEGITIMIDADE DO APOIO DA BNDESPAR AO PROCESSO DE INTERNACIONALIZAÇÃO DA JBS S.A. IMPOSSIBILIDADE DE IMPUTAR PREJUÍZO AO ERÁRIO COM BASE EM UMA AVALIAÇÃO RETROSPECTIVA SOBRE OS LUCROS QUE A BNDESPAR PODERIA TER OBTIDO CASO TIVESSE ESTRUTURADO A OPERAÇÃO COM DIFERENTES PARÂMETROS. AUSÊNCIA DE ERRO GROSSEIRO. ACOLHIMENTO

esses pontos com maestria. Algumas lições podem ser extraídas do caso em questão e devem ser consideradas pelos gestores de empresas estatais e pelos órgãos de controle.

O presente artigo pretende examinar as conclusões do TCU e extrair delas algumas lições para caos similares.

2 O caso analisado pelo TCU: o apoio do BNDESPar à JBS S.A. na aquisição do controle de empresas norte-americanas

Em março de 2008, poucos meses antes do desencadeamento da severa crise econômica internacional que viria a ser enfrentada mundialmente, o BNDESPar promoveu o apoio da JBS S.A. na aquisição do controle da empresa de carne processada *National Beef Packing Co.* e da divisão de carnes bovinas da *Smithfield Beef* (incluindo os confinamentos de sua subsidiária *Five Rivers Ranch Cattle Feeding*), ambas norte-americanas.

A operação foi realizada mediante a emissão pública de 360 mil ações ordinárias para subscrição.

O aporte de capital seria feito por meio de um investimento direto e outro indireto, este último por meio da integralização de cotas de um fundo de investimento em participações (FIP-PROT) constituído exclusivamente para viabilizar o aumento de capital da JBS, juntamente com outros investidores, principalmente fundos de pensão estatais.

Além do BNDESPar, o FIP-PROT tinha a participação da Petros (Fundação Petrobras de Seguridade Social) e da Funcef (Fundo dos Economiários Federais), com 25% cada, e de outro fundo de investimentos.

A operação previa que os recursos obtidos com o aumento do capital da JBS fossem aplicados em investimentos nas duas grandes empresas norte-americanas, que operavam no mesmo segmento de proteína animal. No entanto, devido à relevância dessas empresas no mercado dos EUA, havia a possibilidade de que a operação não fosse aprovada, total ou parcialmente, pelos órgãos de defesa da concorrência norte-americanos. Considerando esse risco de rejeição, foi negociada uma opção de venda (*put option*), permitindo que tanto o BNDESPar quanto o FIP-PROT pudessem revender à JBS uma fração ou mesmo a totalidade das ações adquiridas.

PARCIAL DAS ALEGAÇÕES DE DEFESA. ACOLHIMENTO DAS RAZÕES DE JUSTIFICATIVA. CONTAS REGULARES COM RESSALVA. CONTAS REGULARES".

Para a efetivação do negócio, foram aportados R$995,87 milhões na JBS por meio da compra direta de ações e da integralização de cotas no FIP-PROT. O BNDESPar subscreveu e integralizou 47 mil ações ordinárias (correspondentes a R$335,27 milhões) e adquiriu, via FIP-PROT, mais 92 mil ações (totalizando R$660,60 milhões).

O preço das ações foi definido como a média ponderada por volume de negociação das cotações de fechamento apuradas nos 120 pregões da Bovespa entre 16.8.2007 e 15.2.2008, resultando no valor de R$7,07 por ação.

Ao final da operação, o BNDESPar passou a deter 19,42% do capital da companhia, de forma direta e indireta.

A aquisição da *Smithfield Beef* foi aprovada pelas autoridades antitruste, mas a da *National Beef* — quarto maior frigorífico de carne bovina dos EUA — foi rejeitada pelo *Department of Justice* — *DoJ* sob o entendimento de que a operação reduziria a competitividade no mercado de forma significativa.

Em vez de exercer sua opção de venda ao preço fixado em contrato, o BNDESPar e o FIP-PROT, em negociações com a JBS, concordaram em outubro de 2008 em aditar e estender o prazo final da *put option*, de modo que o grupo empresarial pudesse defender a operação junto às autoridades competentes.

Alguns meses depois, em fevereiro de 2009, a JBS desistiu da aquisição, com a rescisão formal do contrato de compra e venda com a *National Beef*.

Após novas negociações, o contrato de opção de venda foi aditado para o fim de prorrogar o prazo da *put option* até julho de 2010, de modo que a JBS pudesse utilizar os recursos — inicialmente alocados para a aquisição da *National Beef* — em operação que envolveu a produtora de carnes australiana *Tasman Group Ltd.*, ocorrida dois anos antes. Os recursos remanescentes seriam utilizados para a aquisição de outros ativos que valorizassem a companhia.

Por fim, o BNDESPar entendeu que a aquisição do controle da empresa avícola norte-americana *Pilgrim's Pride* e a associação com a processadora de carnes brasileira Bertin S.A. atenderam à obrigação prevista no contrato de opção.

O TCU analisou a fundo esse encadeamento de operações financeiras e societárias. Algumas questões não interessam ao escopo do presente artigo. Entretanto, certos temas e considerações são relevantes para as finalidades propostas.

3 Limites do controlador na apreciação do mérito das decisões empresariais das empresas estatais

O primeiro ponto relevante diz respeito à conclusão do TCU de que a tomada de contas especial não é o foro adequado para debater a conveniência ou oportunidade do investimento de recursos públicos no apoio à expansão internacional de grandes empresas do setor frigorífico.

O voto condutor do acórdão do TCU reconheceu que o BNDES, "atuando como banco de investimento e agente de políticas governamentais, segue as diretrizes e prioridades estabelecidas pela ordem econômica e política da época".

O acórdão ainda cita trecho de outro voto, relatado pelo Min. Benjamin Zymler, em que se reconheceu que "Nesse topo de apoio financeiro, em termos de legitimidade do negócio, vejo presentes dois elementos: o interesse empresarial do banco (em perfazer ganho financeiro, como investidor); e o interesse do agente governamental responsável pela política pública".

Isso envolve, de acordo com o voto do Min. Zymler, citado pelo voto condutor, a avaliação de "vocação, experiência e capacidade" dos potenciais parceiros do BNDESPar, sendo que viria a se positivar na Lei nº 13.303/2016 (Lei das Estatais) a compreensão de que os gastos relacionados a oportunidades de negócio "podem tornar inaplicável a licitação, em reconhecimento de que, no mais das vezes, não se faz possível objetivar absolutamente a escolha do parceiro de negócios, seja para perfazer um ganho empresarial, seja para atingir um objetivo de política pública".

Em outras palavras, o TCU reconheceu que o controlador não pode se substituir à empresa estatal na escolha dos seus parceiros de negócios (autocontenção) e não pode exigir uma procedimentalização equivalente a uma licitação.

4 A aceitação de que prejuízos de uma empresa estatal não devem necessariamente ser considerados como danos ao erário

Outro ponto questionado — e muito bem endereçado — pelo TCU diz respeito à qualificação de eventual prejuízo sofrido por uma empresa estatal (no caso, o BNDESPar) em razão de um negócio realizado.

No caso, foram levantadas dúvidas a respeito dos critérios e do *valuation* das ações e, a partir disso, foram cogitados cenários hipotéticos com base nos quais se concluiu que o BNDESPar teria experimentado prejuízos que seriam, em última análise, presumíveis como danos aos cofres do banco público.

Em relação à avaliação do valor das ações, o TCU entendeu que ela foi correta por meio de considerações que escapam ao objetivo deste artigo.

O mais relevante, entretanto, é a conclusão do TCU de que "sempre existirá a possibilidade de que a empresa venha a ter prejuízos em razão da escolha adotada, pela própria dinâmica do mercado de capitais, que não necessariamente irá se amoldar ao juízo feito pelo avaliador". Ou seja, o TCU reconheceu que eventual prejuízo faz parte dos riscos atinentes às atividades econômicas e que a sua ocorrência não significa necessariamente que tenha havido uma ilegalidade que sujeite os gestores à aplicação de penalidades.

Nesse contexto, o TCU concluiu "pela impossibilidade de imputar prejuízo ao erário com base em uma avaliação retrospectiva sobre os lucros que a BNDESPar poderia ter obtido caso tivesse estruturado a operação com diferentes parâmetros". E mais: "a noção de dano ao erário não decorreu de uma perda real na operação, mas sim daquilo que hipoteticamente se 'deixou de ganhar' — conhecido como custo de oportunidade — em razão de o banco ter estruturado a operação com determinados parâmetros e não outros, isto é, a diferença entre o resultado efetivamente alcançado e aquele que poderia ter sido alcançado".

Trata-se de mais duas lições que devem ser consideradas pelos órgãos de controle das empresas estatais: (i) a ocorrência de prejuízos, que são derivações dos riscos das atividades empresariais, não significa necessariamente que tenha havido um dano ao erário; e (ii) cogitações hipotéticas e retrospectivas acerca de resultados positivos que restaram "frustrados" não equivalem a danos ao erário. Essas conclusões são muito relevantes porque a ocorrência de prejuízos não deriva necessariamente de más gestões.

Toda atividade empresarial envolve riscos. Aquele que se propõe a investir ou participar desse tipo de atividade não goza de uma garantia formal de que terá resultados positivos. Por mais eficientes que sejam uma empresa ou uma parceria societária, é possível que sejam experimentados prejuízos e outros dissabores naturais a qualquer empreendimento. Quando se envolve uma empresa estatal no negócio, isso não significa que o prejuízo possa ser configurado como um dano ao erário. Não existe garantia de lucro em atividade empresarial. Seria inocência pensar o contrário.

5 Inaplicabilidade da figura do erro grosseiro

Questão adicional levantada pelo TCU diz respeito a um possível erro grosseiro na condução do negócio por parte dos gestores da empresa estatal. Entretanto, essa cogitação foi afastada pela Corte.

O acórdão entendeu que, para aplicação do poder sancionador do TCU, o erro grosseiro é definido pelo art. 28 da LINDB. O voto condutor ainda se alinhou à corrente que entende que o conceito de erro grosseiro abrange "erros que poderiam ser identificados por uma pessoa com diligência inferior à média ou que poderiam ser evitados por alguém com um nível de atenção abaixo do ordinário resultantes de uma grave falha na observância do dever de cuidado".

Esse conceito de erro grosseiro já foi admitido pelo TCU em outros julgados, tais como os Acórdãos nº 391/2024-Plenário e nº 63/2023-Primeira Câmara (Rel. Min. Benjamin Zymler), nº 3327/2019-Primeira Câmara (Rel. Min. Vital do Rêgo), nº 11234/2023-Segunda Câmara (Rel. Min. Aroldo Cedraz), nº 3585/2024-Segunda Câmara (Rel. Min. Marcos Bemquerer) e nºs 628 e 630/2024-Plenário (Rel. Min. Jorge Oliveira).

No caso específico, considerou-se que, dadas as particularidades — inclusive empresariais — envolvidas, não havia erro grosseiro e, portanto, os gestores não poderiam ser penalizados.

6 Extensão das conclusões a outras situações similares — como as oportunidades de negócio

As conclusões descritas podem ser aplicadas a outras situações similares, que não sejam necessariamente operações societárias.

É o caso, por exemplo, das oportunidades de negócio.[2] Trata-se de situações em que uma empresa estatal pode celebrar uma parceria — societária ou não — com uma empresa privada para a exploração de

---

[2] As oportunidades de negócio, de acordo com a Lei nº 13.303, são um dos casos de não incidência de licitação para a seleção do parceiro. O §4º do art. 28 da Lei assim define as oportunidades de negócio: "§4º Consideram-se oportunidades de negócio a que se refere o inciso II do §3º a formação e a extinção de parcerias e outras formas associativas, societárias ou contratuais, a aquisição e a alienação de participação em sociedades e outras formas associativas, societárias ou contratuais e as operações realizadas no âmbito do mercado de capitais, respeitada a regulação pelo respectivo órgão competente".

determinada atividade potencialmente relevante. Nas oportunidades de negócio, não só a empresa estatal deve contar com liberdade para a definição do seu parceiro e dos detalhes do negócio (não cabendo ao controlador externo se substituir ao gestor nessas decisões), como eventuais resultados negativos não serão necessariamente um dano ao erário nem erro grosseiro por parte dos gestores.

7 A adoção do modelo empresarial pelo Estado e a identificação da "Administração Pública empresarial"

As considerações do TCU no caso em exame permitem algumas digressões sobre a atuação empresarial do Estado por meio das empresas estatais.[3]

O modelo empresarial das empresas estatais é uma técnica utilizada pelo Estado para o desenvolvimento de certas atividades que lhe foram conferidas pelo ordenamento jurídico.

Quando cria uma entidade atribuindo a ela a qualificação de empresa, o Estado assume que o modelo empresarial corresponde à melhor forma para o cumprimento de certos objetivos aos quais se reconhece algum interesse público. Confere-se ao ente empresarial a missão de ser um instrumento de ação governamental.

A adoção do modelo empresarial pelo Estado não é um dado indiferente nem de menor importância. Pelo contrário. Significa o reconhecimento de que a estruturação de uma atividade segundo preceitos empresariais corresponde ao modelo mais apropriado para o desenvolvimento de certos objetivos.

Pode-se dizer que a adoção da técnica empresarial compreende dois juízos simultâneos: (i) um juízo negativo, segundo o qual outra forma de organização (autárquica, por exemplo) não é a mais apropriada para a atividade que se pretende desempenhar; e (ii) um juízo positivo, que consiste no reconhecimento de certas virtudes no formato empresarial que o tornam a melhor técnica para a busca dos objetivos previstos no ordenamento jurídico.

E o que caracteriza a técnica empresarial? É justamente o fato de se tratar de uma organização flexível dos fatores de produção, que tem a maleabilidade necessária e suficiente para responder às mutáveis

---

[3] Para o aprofundamento do tema, confira-se trabalho de nossa autoria: SCHWIND, Rafael Wallbach. *O Estado Acionista*: empresas estatais e empresas com participação estatal. São Paulo: Almedina, 2017.

exigências de seu entorno. Em um contexto altamente cambiável como o das atividades econômicas (em que se altera a configuração de mercado, mudam-se preços, desenvolvem-se novas tecnologias, novas demandas, entre outros fatores), são imprescindíveis dois requisitos muito importantes: liberdade e agilidade.

É da essência da atividade empresarial que ela disponha de liberdade para atuar de modo suficientemente ágil. São precisamente essas características que o Estado pretende incorporar à sua estrutura quando cria uma empresa estatal.

Um olhar sobre a evolução do pensamento jurídico brasileiro a respeito das empresas estatais é muito útil para se compreender os motivos pelos quais o Estado busca a técnica empresarial.

Embora possa ter havido certa perplexidade inicial com a utilização do figurino empresarial pelo Estado, reconheceu-se que a criação de empresas estatais sempre teve o legítimo propósito de despublicização, ou seja, de a Administração Pública libertar-se de certos condicionamentos inerentes ao regime de direito público. Especialmente numa época de grande preocupação com o desenvolvimento econômico da nação brasileira por meio da assunção pelo Estado de atividades que não eram tipicamente "do Poder Público", verificou-se a criação de um número considerável de empresas estatais justamente por se reputar que essa formatação era a mais apropriada para o tipo de atividade (econômica) que iria se desenvolver.

A opção legislativa pela criação de entidades da Administração Pública indireta sob a forma empresarial retratava uma aspiração relevante. Buscava-se que esses entes tivessem um regime diferenciado em relação ao aplicável à Administração Pública direta e aos demais entes da Administração indireta, que proporcionasse as condições necessárias para a intervenção direta no domínio econômico.

A questão é que o Estado estava assumindo atividades comerciais e industriais, muito distintas daquelas que estava "habituado" a exercer. Era necessário desenvolver essas atividades mediante a utilização de uma ferramenta diferente, mais apropriada do que o regime jurídico aplicado a outras atividades.

Essa intenção de despublicizar parcela da atuação estatal por meio de empresas em que ao menos parte do capital fosse de origem pública logo foi tida como uma natural decorrência da assunção de atividades econômicas pelo Estado.

Há mais de 60 anos, Bilac Pinto apontava o seguinte: "Desde o momento em que o Estado, para realizar seus fins, teve de incluir entre as suas atividades as de natureza industrial ou comercial, surgiu para os estadistas o problema de escolha dos meios pelos quais tais encargos poderiam ser desempenhados".[4] Portanto, era necessário que o Estado selecionasse meios diversos de atuação, mais apropriados às atividades econômicas. Tal modelo era justamente o empresarial.

Na mesma época, o fenômeno foi examinado com muita percuciência por Themístocles Brandão Cavalcanti. Em capítulo específico sobre as estruturas administrativas de seu Tratado de Direito Administrativo, o doutrinador expunha a complexidade que o tema da organização administrativa estava alcançando com a utilização simultânea de estruturas de direito público e de direito privado.

Segundo ele, foram sendo criadas pelo Estado "emprêsas autônomas, reservadas à execução de serviços destinados a atender a fins que não se enquadram nas atividades próprias e tradicionais de Estado".[5] A partir daí, ainda segundo o doutrinador, podia-se afirmar "o declínio das duas noções clássicas — de serviço público e de estabelecimento público — no sentido de uma certa distorção no sentido privatístico". Sua conclusão era que o sistema constitucional à época já admitia a adoção de técnicas mais flexíveis de atuação estatal, justamente para fazer frente à complexidade da atuação estatal. Nas palavras do doutrinador:

> O sistema, como se vê, é extremamente flexível e admite um conjunto de providências onde grande é a colaboração da atividade privada e dos métodos privados na execução de serviços que vivem sob o contrôle estatal.
>
> Não se cogita evidentemente aqui de um sistema socialista onde a política exige a integração de todos êsses serviços na estrutura de Estado, que os absorve, mas dos países onde a intervenção do Estado se impõe, por necessidade de contrôle e por uma ação supletiva, na ausência de investimentos privados para as indústrias e atividades básicas.
>
> Aqui um sistema flexível é admissível. O que se ajusta perfeitamente ao sistema constitucional.[6]

Themístocles Brandão Cavalcanti, portanto, apontava que a adoção da forma empresarial derivava justamente da sua maior flexibilidade em comparação com o regime de direito público, o que era

---

[4] O declínio das sociedades de economia mista e o advento das modernas empresas públicas. *Revista de Direito Administrativo*, Seleção Histórica, 1991, p. 258 (original publicado na RDA nº 32, de 1953).

[5] *Tratado de direito administrativo*. vol. II. 3. ed. Rio de Janeiro: Freitas Bastos, 1956, p. 40 (grafia original).

[6] *Tratado de direito administrativo*. cit., p. 44.

compatível com a Constituição da época (de 1946). Sua conclusão final era que "a área comum, a faixa cinzenta, a fronteira do público e do privado, se foi ampliando".[7]

Caio Tácito apontava que o "Direito Administrativo toma de empréstimo ao Direito Comercial o modelo orgânico das sociedades comerciais, predominantemente o da sociedade por ações, instituindo instrumentos flexíveis de ação administrativa no campo da economia".[8] Assim, adotando-se a personalidade jurídica de direito privado, tem-se "como objetivo precípuo a liberação dos processos burocráticos de gestão administrativa e financeira. É, em suma, o repúdio aos sistemas clássicos de controle da administração direta, de forma a propiciar maior flexibilidade operacional e permitir a abstenção dos processos formais da contabilidade pública".[9]

A mesma conclusão foi exposta, em termos ainda mais incisivos, por Celso Antônio Bandeira de Mello.

Em capítulo que tratava das "novas formas de ação do Estado", em obra sobre a prestação de serviços públicos e a Administração indireta, o doutrinador aponta que "o Poder Público, invejando a eficiência das sociedades comerciais, tomou de empréstimo os figurinos de direito privado e passou a adotar-lhe os processos de ação, constituindo pessoas modeladas à semelhança delas para prestação dos mais variados serviços".[10] Assim, "o Estado foi impelido tanto pelo objetivo de ganhar mais eficiência quanto, em certos casos, pela natureza peculiar da atividade que, por assim dizer, não se compatibilizaria com outro meio de ação".[11]

O doutrinador ainda apontou que nem sempre as empresas estatais nasciam de uma programação adrede formulada pelo Estado, com vistas ao aprimoramento dos seus meios de ação. Muitas vezes ocorria a estatização (ou nacionalização) de empresas privadas. De todo modo, no caso dessa assunção de empresas pelo Estado, a estrutura estatal "só poderia conduzi-las na conformidade técnica do direito privado".[12]

O mesmo fator é mencionado por Maria Sylvia Zanella Di Pietro.

---

[7] *Tratado de direito administrativo.* cit., p. 45.
[8] Controle das empresas do Estado (públicas e mistas). *Revista de Direito Administrativo,* n. 111, p. 1-2, jan./mar. 1973.
[9] Controle das empresas do Estado (públicas e mistas). *Revista de Direito Administrativo,* n. 111, p. 3, jan./mar. 1973.
[10] *Prestação de serviços públicos e Administração Indireta.* 2. ed. São Paulo: RT, 1979, p. 88.
[11] *Prestação de serviços públicos e Administração Indireta.* cit., p. 88.
[12] *Prestação de serviços públicos e Administração Indireta.* cit., p. 89.

Segundo a doutrinadora, à proporção que o Estado foi assumindo outros encargos nos campos social e econômico, "sentiu-se a necessidade de encontrar novas formas de gestão do serviço público e da atividade econômica privada exercida pela Administração".[13] Uma decorrência disso foi justamente "a utilização de métodos de gestão privada, mais flexíveis e mais adaptáveis ao novo tipo de atividade assumida pelo Estado, em especial a de natureza comercial e industrial",[14] que, nos países subdesenvolvidos, era voltada ao desenvolvimento econômico. Assim, "para a atividade comercial ou industrial do Estado, mostrou-se mais adequada a forma empresarial".[15]

Considerando-se que a adoção de um regime empresarial é justificada ante os fins atribuídos ao Estado, deve-se concluir que a libertação das constrições do direito público pela organização estatal é um propósito legítimo. Não compreende necessariamente nenhuma injuridicidade ou imoralidade. A diversidade e a complexidade crescentes do Direito Administrativo são o resultado da expansão da Administração Pública, cuja estrutura incorpora paulatinamente interesses distintos e funções das mais diversas.

No caso da atuação empresarial do Estado, essa libertação das amarras do direito público não é um "pecado tolerado" pelo ordenamento ou pela doutrina. As empresas estatais são entes de grande relevância e sua submissão ao direito privado, ainda que com temperamentos, conta com expressa previsão no Texto Constitucional.

Sendo assim, deve-se rejeitar qualquer pretensão de se aplicar um regime jurídico uniforme a todas as atividades desempenhadas pela Administração Pública. Cada função administrativa deve ser desempenhada mediante a utilização do ferramental mais adequado. Essa pluralidade de meios convida o Estado a exercer — evidentemente de modo adequado e ponderado — a liberdade de escolha das formas jurídicas.

Para a atuação direta no desempenho de atividades econômicas, a própria Constituição previu a utilização de empresas estatais e a participação do Estado em empresas que não integram a Administração Pública.

Assim, pode-se dizer que o ordenamento jurídico reconhece a existência de uma "Administração Pública empresarial", que se vale

---

[13] *Parcerias na Administração Pública*. 7. ed. São Paulo: Atlas, 2009, p. 50.
[14] *Parcerias na Administração Pública*. cit., p. 50.
[15] *Parcerias na Administração Pública*. cit., p. 51.

da racionalidade da empresa para o desempenho das atividades que o próprio ordenamento a incumbiu de realizar. Há uma reserva constitucional no sentido de ser adotado um regime de natureza fundamentalmente empresarial no desempenho de atividades econômicas pelo Estado, ainda que esse regime sofra alguns temperamentos justamente pelo fato de incluir as empresas estatais no interior da estrutura do Estado. Caberá ao Estado, então, selecionar a forma como atuará concretamente: se mediante uma empresa pública, uma sociedade de economia mista ou qualquer outra forma empresarial admitida pelo ordenamento — tal como as empresas público-privadas, objeto desta tese, em que ingressa como sócio de empresas que nem mesmo integram a Administração Pública.

O acórdão do TCU ora examinado está totalmente alinhado a essas ideias.

8 A legitimidade da adoção de instrumentos de direito privado e (ainda) a "Administração Pública empresarial"

Outro fator relevante é que a escolha constitucional da figura da empresa para a atuação do Estado no domínio econômico reflete, evidentemente, uma opção pelo direito privado — inclusive por expressa disposição no próprio texto da Constituição.

Partindo-se do pressuposto de que a atuação direta do Estado na economia é caracterizada pela subsidiariedade e pela sua funcionalidade a certos objetivos traçados pela Constituição, extrai-se um princípio constitucional de eficiência do setor empresarial do Estado. Seria contraditório atribuir ao Estado a execução de determinadas tarefas e, ao mesmo tempo, não lhe propiciar o ferramental necessário para tanto — que, no caso, são os instrumentos compatíveis com uma racionalidade empresarial. Se o Estado tem o dever de intervir na economia para prestar diretamente certas atividades, é imprescindível que tenha à sua disposição os meios necessários para que sua intervenção seja eficiente. Do contrário, a previsão constitucional seria mera pantomima. Não passaria de simples declaração de intenções, destituída de qualquer sentido efetivo.

Juntamente a essa constatação, deve-se reconhecer que o direito privado é uma espécie de "direito comum" da atividade empresarial. Logo, a atuação econômica do Estado mediante instrumentos de direito privado não é um defeito tolerado pelo sistema. Trata-se, na realidade, de uma previsão do próprio ordenamento, de *status* constitucional, que reputa tal regime jurídico como sendo mais apropriado às funções reservadas ao Estado em sua intervenção direta no domínio econômico. Além disso, trata-se do regime adotado pelos demais atores econômicos, eventualmente atuando em concorrência com o próprio Estado, o que remete a problemática não só ao princípio da eficiência, mas também ao da isonomia.

Maria João Estorninho, em seu estudo sobre a "fuga" para o direito privado, expôs uma série de critérios que apontam para a existência de vantagens na atuação pública segundo o direito privado.[16]

Partindo-se da exposição da doutrinadora, podem ser apontados ao menos quatro deles como relevantes para a atuação empresarial do Estado: (i) maior flexibilidade e celeridade nos processos de decisão e atuação, uma vez que os entes que se constituem mediante o figurino privado não se submetem às regras de procedimentalização que caracterizam os entes públicos; (ii) maior autonomia e descentralização dos entes criados como pessoas de direito privado; (iii) sujeição às regras de mercado e à concorrência, o que demanda uma maior observância de critérios de rentabilidade e economicidade; e (iv) diversificação dos meios de financiamento mediante a captação de investimento privado.

Uma atuação estatal segundo a lógica empresarial permite o atingimento dessas vantagens. A forma empresarial (i) propicia maior flexibilidade e celeridade justamente por não se submeter a determinados condicionamentos que são inerentes ao paradigma burocrático (típico das autarquias, por exemplo), (ii) confere maior autonomia às empresas estatais, que têm personalidade própria, de direito privado, e podem ser sócias de empresas que nem mesmo integram a estrutura do Estado, (iii) compatibiliza-se com a sujeição às regras do mercado e ainda (iv) possibilita o ingresso de capitais privados em adição ao capital público no caso de ser essa estrutura a mais adequada à atividade que se pretende desenvolver.

Portanto, a previsão constitucional pela utilização do figurino empresarial pelo Estado significa uma decisão consciente no sentido de se pretender incorporar determinadas características à estrutura administrativa.

---

[16] *A fuga para o direito privado*: contributo para o estudo da atividade de direito privado da Administração Pública. Coimbra: Almedina, 1999, p. 58-67. A expressão "fuga para o direito privado" foi cunhada por Fritz Fleiner, que mencionava o fenômeno pelo qual a Administração Pública se refugiava no direito privado para escapar de certos controles inerentes ao regime jurídico público (*Instituciones de derecho administrativo*. Barcelona: Labor, 1933).

Propõe-se, dessa forma, a constatação de que o ordenamento jurídico admite a existência de uma "Administração Pública empresarial", que é tão natural ao agir administrativo quanto qualquer outro mecanismo mais fortemente submetido a condicionamentos públicos.

A identificação de uma "Administração Pública empresarial", ao lado da "Administração Pública não empresarial", evidencia que o ordenamento criou um espaço de atuação administrativa pautado por alguma racionalidade empresarial, necessariamente diversa da racionalidade que pautará outras atuações do Estado. Ainda que o Estado-empresário aplique a lógica empresarial com certos temperamentos, já que sua atuação é funcionalizada pelo ordenamento a determinados fins (segurança nacional e promoção de um relevante interesse coletivo) que são a justificativa e o fundamento para a atuação empresarial do Estado, o fato é que o próprio ordenamento reconhece a necessidade de se aplicar os instrumentos mais adequados às finalidades previstas. Daí, por exemplo, a previsão constitucional de que haja procedimentos simplificados de licitação para certas empresas estatais, o que nada mais é do que a adaptação de certos condicionamentos estatais a uma atuação que possui essência empresarial, ainda que com a participação do Estado.

Pode-se falar em "fuga" para o direito privado, expressão já bastante difundida. Entretanto, o termo "fuga" denota um sentido pejorativo, como se se tratasse de um mecanismo concebido para fraudar uma configuração jurídica diversa, eventualmente obrigatória e inafastável.

Preferimos colocar a questão em outros termos, no sentido de que a adoção de formas jurídicas empresariais pelo Estado deriva de uma lógica atrativa da racionalidade empresarial como sendo a forma mais apropriada de atuação no domínio econômico. Desse pressuposto se extraem (i) a opção constitucional pela adoção de uma forma jurídica empresarial para o desempenho de certas atividades, (ii) o reconhecimento de alguma liberdade para sua definição precisa no caso concreto (empresa pública, sociedade de economia mista ou outro arranjo empresarial com participação do Estado — como as empresas público-privadas), devendo ser observado ainda (iii) o princípio do respeito à forma jurídica escolhida, no sentido de que não é possível anular as vantagens da forma jurídica empresarial mediante a introdução de condicionamentos injustificados e incompatíveis com a opção previamente adotada.

Nesse sentido é a lição de Paulo Otero. Segundo o doutrinador, "em vez de uma 'fuga' para formas de organização típicas do Direito

Privado, pode bem afirmar-se que a utilização de formas de organização do sector empresarial do Estado reguladas pelo Direito Comercial decorre de uma lógica atractiva deste ramo do Direito como típico Direito comum regulador das empresas, isto atendendo ao facto de estar em causa o desenvolvimento de uma atividade económica através de uma estrutura empresarial".[17]

Além disso, a adoção do figurino empresarial pelo Estado não representa necessariamente uma fenda ao arbítrio. Trata-se mais propriamente de uma necessidade, diante da missão conferida ao Estado pelo ordenamento para a atuação direta no setor econômico. Ainda segundo Paulo Otero:

> [A] liberdade de eleição das formas de organização do sector empresarial do Estado não constitui qualquer decorrência de uma regra de liberdade ou de desnormativização do exercício de um poder de organização administrativa ainda herdado do Estado Absoluto (...), antes traduz um corolário da exigência constitucional de eficiência do sector público, enquanto incumbência prioritária do Estado e, por isso mesmo, fonte atribuidora de uma faculdade tendencialmente discricionária de instrumentalização da forma organizativa das empresas do Estado às concretas exigências da realidade de um modelo eficiente de prossecução do interesse público.

Pensamos que essa forma de enfrentamento da questão, baseada na lógica empresarial como mecanismo normal de atuação do Estado ante as missões que lhe foram conferidas pelo ordenamento, gera menos questionamentos do que falar na existência de uma "fuga" — eventualmente sub-reptícia — para o direito privado. A atuação empresarial é uma ferramenta colocada à disposição da Administração Pública pelo ordenamento jurídico para a realização de certas atividades estatais voltadas para a intervenção direta no domínio econômico.

O acórdão do TCU ora examinado leva a essas conclusões.

As empresas estatais são um instrumento posto à disposição do Estado para possibilitar que a Administração, legitimamente liberada de certas amarras, desempenhe, com a eficiência necessária, determinadas finalidades que lhe foram atribuídas pelo ordenamento. A rigor, não se trata de uma "fuga" para o direito privado, já que o termo em questão apresenta uma conotação pejorativa, de algo imoral, verdadeira

---

[17] *Vinculação e liberdade de conformação jurídica do sector empresarial do Estado.* Coimbra: Coimbra, 1998, p. 235.

fraude para burlar a aplicação de determinados condicionamentos que seriam inafastáveis. Trata-se, isso sim, de constatar que a Administração Pública dispõe de um complexo ferramental para o desempenho das atividades que lhe são atribuídas pelo ordenamento.

Uma das ferramentas, absolutamente legítima, consiste na empresa estatal, que tem por característica justamente a possibilidade de liberar a Administração de determinados condicionamentos que prejudicariam (ou até mesmo inviabilizariam) os próprios objetivos pretendidos pelo ordenamento.

9 Conclusões

Diante das considerações feitas, e sem entrar nas peculiaridades específicas do caso examinado pelo TCU, podem ser enunciadas as seguintes conclusões que foram adotadas pela Corte de Contas ou que pelo menos dialogam muito bem com o entendimento adotado:

a) As empresas estatais, no desempenho de suas atividades econômicas, possuem liberdade para a escolha dos seus parceiros comerciais.

b) Ainda que essa liberdade não seja total e deva ser exercida com base em elementos concretos, não cabe ao controlador externo se sobrepor à decisão empresarial adotada pela empresa por meio dos seus gestores.

c) A existência de prejuízo em decorrência de uma decisão empresarial da empresa estatal não deve ser equiparada a um dano ao erário. Os riscos são inerentes às atividades empresariais, mesmo das empresas estatais.

d) Uma análise hipotética e retrospectiva, no sentido de que os resultados obtidos pela empresa estatal poderiam ter sido mais vantajosos, não pode levar à conclusão de que existe um dano ao erário.

e) A aplicação da ideia do "erro grosseiro" deve ser muito ponderada no âmbito das atividades empresariais do Estado, dada a multiplicidade de fatores que caracterizam essa atuação, notadamente os riscos envolvidos.

f) Identifica-se que há uma "Administração Pública empresarial", de lógica própria em contraposição à "Administração Pública não empresarial". Seus instrumentos de atuação devem ser típicos do direito privado. A atuação do controle externo, embora de inquestionável relevância, não pode eliminar os objetivos buscados por meio da utilização do figurino empresarial pelo Estado.

Referências

BANDEIRA DE MELLO, Celso Antônio. *Prestação de serviços públicos e Administração Indireta*. 2. ed. São Paulo: RT, 1979.

CAVALCANTI, Themístocles Brandão. *Tratado de direito administrativo*. vol. II. 3. ed. Rio de Janeiro: Freitas Bastos, 1956.

DI PIETRO, Maria Sylvia Zanella. *Parcerias da Administração Pública*. 7. ed. São Paulo: Atlas, 2009.

ESTORNINHO, Maria João. *A fuga para o direito privado*: contributo para o estudo da actividade de direito privado da Administração Pública. Coimbra: Almedina, 1999.

FLEINER, Fritz. *Instituciones de derecho administrativo*. Barcelona: Labor, 1933.

OTERO, Paulo. *Vinculação e liberdade de conformação jurídica do sector empresarial do Estado*. Coimbra: Coimbra, 1998.

PINTO, Bilac. O declínio das sociedades de economia mista e o advento das modernas empresas públicas. *Revista de Direito Administrativo — RDA*, seleção histórica, p. 257-270, 1991.

SCHWIND, Rafael Wallbach. *O Estado Acionista*: empresas estatais e empresas com participação estatal. São Paulo: Almedina, 2017.

TÁCITO, Caio. Controle das empresas do Estado (públicas e mistas). *Revista de Direito Administrativo*, n. 111, jan./mar. 1973.

Informação bibliográfica deste livro, conforme a NBR 6023:2018 da Associação Brasileira de Normas Técnicas (ABNT):

SCHWIND, Rafael Wallbach. Empresas estatais e risco empresarial: distinção entre prejuízo e dano ao erário e a questão do erro grosseiro dos gestores. *In*: FORTINI, Cristiana; SCHWIND, Rafael Wallbach; BRAGAGNOLI, Renila; VIEIRA, Virginia Kirchmeyer (coord.). *Empresas estatais*: análise de decisões judiciais e do controle externo. Belo Horizonte: Fórum, 2025. p. 75-91. ISBN 978-65-5518-977-3.

A APLICAÇÃO DO SISTEMA DE REGISTRO DE PREÇOS ÀS EMPRESAS ESTATAIS: AS POLÊMICAS SOBRE A REGULAMENTAÇÃO A SER SEGUIDA E OS LIMITES SUBJETIVOS À CONVIVÊNCIA DAS ESTATAIS COM OUTROS ÓRGÃOS E ENTIDADES

RENILA BRAGAGNOLI

VICTOR ALMEIDA

Introdução

O Sistema de Registro de Preços (SRP) representa uma estratégia de contratação pública que busca ampliar a eficiência administrativa e a economicidade nas aquisições de bens e serviços. Em se tratando das empresas estatais brasileiras, o uso do SRP levanta complexas questões jurídicas e regulatórias, especialmente diante das especificidades normativas da Lei nº 13.303/2016 e da Lei nº 14.133/2021, as quais impõem diferentes regimes licitatórios para as entidades que integram a Administração Direta e Indireta. A presente análise investiga as controvérsias relativas à aplicação do SRP pelas empresas estatais, considerando, entre outros aspectos, a falta de regulamentação do art. 66 da Lei das Estatais e as dificuldades de adesão a atas de registros de preços de outros entes da Administração Pública, o que provoca insegurança jurídica para os gestores dessas instituições.

O Sistema de Registro de Preços e as peculiaridades do procedimento auxiliar para as empresas estatais

Procedimento auxiliar das licitações, o SRP é definido pelo art. 6º, XLV, da Lei nº 14.133, de 1º de abril de 2021, como um "conjunto de atos para realização, mediante contratação direta ou licitação, de registro formal de preços relativos a prestação de serviços, a obras e a aquisição e locação de bens para contratações futuras", definição que não é trazida pela Lei nº 13.303/16, mas que pode constar no glossário de expressões técnicas de cada entidade, nos termos do art. 40 da Lei das Estatais.

Diversamente do processo de contratação tradicional, o qual culmina na assinatura de um contrato com a Administração Pública, quando adotado o procedimento auxiliar em apreço, o vencedor do certame assina uma ata de registro de preços, documento que o obriga, em qualquer momento ao longo do seu prazo de vigência, a atender ao chamado da Administração para assinar o contrato ou retirar o instrumento equivalente, iniciando o fornecimento do bem ou a execução do serviço.[1]

O ordenamento brasileiro previu o instrumento do SRP em três microssistemas jurídicos de contratação distintos: i) o previsto no art. 15 da Lei nº 8.666, de 21 de junho de 1993 (Lei Geral de Licitações), regulamentado pelo Decreto Federal nº 7.892/13 no âmbito da União; ii) o disposto no art. 32 da Lei nº 12.462, de 4 de agosto de 2011 (Lei do Regime Diferenciado de Contratações — RDC), regulamentado pelo Decreto Federal nº 7.581, de 11 de outubro de 2011; e iii) o instituído pelo art. 66 da Lei nº 13.303, de 30 de junho de 2016 (Lei das Estatais).

Com o advento da Lei nº 14.133/21, há ainda o SRP da Nova Lei de Licitações, regulamentado pelo Decreto Federal nº 11.462/23, o qual substituiu os das Leis nº 8.666/93 e nº 12.462/11.

O SRP é um importante instrumento de eficiência na gestão dos processos de contratação, oferecendo ganhos operacionais e redução de custos na rotina administrativa,[2] pois de um único procedimento

---

[1] DAWISON, Barcelos; TORRES, Ronny Charles Lopes de. *Licitações e contratos nas empresas estatais*: regime licitatório e contratual da Lei 13.303/2016. 2. ed. rev. atual. ampl. Salvador: Juspodivm, 2020, p. 513-530.

[2] COLOMBAROLLI, Bruna Rodrigues. *Carona*: federalismo por cooperação e eficiência administrativa. Registro de preços: análise da Lei nº 8.666/93, do Decreto Federal nº 7.892/13 e de outros normativos (atualizado conforme o Decreto nº 8.250/14). 2. ed. rev. e atual. Belo Horizonte: Fórum, 2014.

licitatório decorre uma pluralidade de aquisições. A doutrina[3] elenca algumas vantagens da ferramenta: a) redução da possibilidade de fracionamento de despesas; b) diminuição da incidência de contratação direta por dispensas emergenciais; c) possibilidade de contratação corporativa, atendendo a necessidade de vários órgãos e entidades, atribuindo maior economia de escala nas propostas de preços e, por conseguinte, maior economicidade; d) diminuição de estoques físicos, das perdas por perecimento ou conservação precária; e) prontidão à estatal, a qual estará apta a suprir necessidade administrativa futura e incerta, mediante solução já registrada em ata; e g) redução no número de licitações e, por conseguinte, nos custos operacionais.

Dada a importância do SRP e suas vantagens, sua aplicação é imprescindível para que as estatais possam cumprir sua missão institucional de maneira eficiente. No entanto, atualmente, o uso do procedimento auxiliar pelas entidades definidas nos arts. 3º e 4º da Lei nº 13.303/16 enfrenta questões jurídicas relevantes, colocando em situação de insegurança os gestores destas entidades.

Recentemente, o Tribunal de Contas dos Municípios do Estado da Bahia (TCM/BA)[4] e o Tribunal de Contas do Distrito Federal (TCDF),[5] em sede de resposta às consultas de seus jurisdicionados, decidiram que, em processos de contratação realizados por sociedades de economia mista e empresas públicas e que seguem o Sistema de Registro de Preços, a participação está restrita a outras empresas estatais. Para a Corte de Contas, essas entidades somente podem aderir a atas de outras estatais, tendo em vista órgãos e entidades da Administração Pública Direta, autárquica e fundacional seguirem o regime da Lei nº 14.133/21. Em contrapartida, as empresas estatais se submetem às normas específicas da Lei nº 13.303/16, especialmente o art. 66, §1º. Assim, as especificidades de ambos os regimes jurídicos impediriam a convivência no registro de preços.

No entanto, há no mercado outras interpretações jurídicas para o tema, inclusive contrárias à posição do TCM/BA e TCDF.

---

[3] PEREIRA JÚNIOR, Jessé Torres; DOTTI, Marinês Restelatto. *O sistema de registro de preços recepcionado e aperfeiçoado pela nova lei das licitações e contratações*. Procedimentos auxiliares das licitações e das contratações administrativas. Belo Horizonte: Fórum, 2022. 143-145.

[4] ESTADO DA BAHIA. TCM-BAHIA. Tribunal de Contas dos Municípios do Estado da Bahia. Parecer n. 02307-19. Consulta. Processo n. 16883e19, de 20 de novembro de 2019. Disponível em: https://www.tcm.ba.gov.br/. Acesso em: 11 nov. 2024.

[5] DISTRITO FEDERAL. TCDF. Tribunal de Contas do Distrito Federal. Decisão n. 1539/2021, Processo n. 00600-00009265/2020-57. Julgamento na Sessão Ordinária nº 5251, de 28 de abril de 2021. Disponível em: https://jurisprudencia.tc.df.gov.br/. Acesso em: 11 nov. 2024.

Diante disso, com o intuito de mitigar dúvidas pertinentes, o presente artigo objetiva enfrentar duas questões:
a) Diante da ausência de regulamentação do art. 66 da Lei nº 13.303/16, qual regulamento vigente as estatais devem seguir na utilização do SRP? e,
b) É permitido às estatais aderirem e/ou participarem de atas de registro de preço gerenciadas por órgão ou entidade da Administração Direta, autárquica e fundacional e/ou por outras estatais?

Órfãos de regulamento: qual decreto aplicar às estatais enquanto não disciplinado o art. 66 da Lei nº 13.303/16?

Como dito, o SRP especificamente destinado aos processos de contratação das estatais encontra previsão no art. 66 da Lei nº 13.303/16, cuja redação é a seguinte:

> Art. 66. O Sistema de Registro de Preços especificamente destinado às licitações de que trata esta Lei reger-se-á pelo disposto em decreto do Poder Executivo e pelas seguintes disposições:
> §1º Poderá aderir ao sistema referido no caput qualquer órgão ou entidade responsável pela execução das atividades contempladas no art. 1º desta Lei.
> §2º O registro de preços observará, entre outras, as seguintes condições:
> I - efetivação prévia de ampla pesquisa de mercado;
> II - seleção de acordo com os procedimentos previstos em regulamento;
> III - desenvolvimento obrigatório de rotina de controle e atualização periódicos dos preços registrados;
> IV - definição da validade do registro;
> V - inclusão, na respectiva ata, do registro dos licitantes que aceitarem cotar os bens ou serviços com preços iguais ao do licitante vencedor na sequência da classificação do certame, assim como dos licitantes que mantiverem suas propostas originais.
> §3º A existência de preços registrados não obriga a administração pública a firmar os contratos que deles poderão advir, sendo facultada a realização de licitação específica, assegurada ao licitante registrado preferência em igualdade de condições.

Apesar dessa previsão específica do SRP na Lei nº 13.303/16, as normas ali dispostas sobre este procedimento auxiliar não gozam de aplicação imediata, o que suscita dúvidas a respeito da utilização desse procedimento por estatais. Veja-se.

Por um lado, o Decreto Federal nº 8.945, de 27 de dezembro de 2016, ao regulamentar a Lei nº 13.303/16 na esfera federal, estabeleceu, no art. 71, inciso I, que o regime de licitação e contratação daquela lei seria autoaplicável desde a sua publicação, exceto quanto aos "procedimentos auxiliares das licitações, de que tratam os art. 63 a art. 67 da Lei nº 13.303/2016" – dentre os quais se insere o Sistema de Registro de Preços, disposto no art. 66.

Lado outro, o *caput* do art. 66 da Lei nº 13.303/16, ao destinar normas específicas para o SRP no âmbito das empresas estatais, estabeleceu que ele seria regido "pelo disposto em decreto do Poder Executivo", sem que, até a presente data, tal normativo tenha sido editado no âmbito da Administração Pública federal.

Assim, diante da inaplicabilidade imediata das normas da Lei nº 13.303/16 que versam sobre os procedimentos auxiliares das licitações e da inexistência do decreto específico do Poder Executivo federal para regulamentar o SRP daquela lei, resta a dúvida sobre as regras que devem ou podem ser aplicadas para operacionalizar o SRP no âmbito das empresas estatais. Ou seja, na ausência do regulamento específico, é válido, do ponto de vista jurídico, adotar outra norma?

Conforme o entendimento de Dawison Barcelos e Ronny Charles Lopes[6] de Torres, a inexistência do decreto do Poder Executivo a que alude o art. 66 da Lei nº 13.303/16 não impede que as estatais se utilizem de outro decreto regulamentador do registro de preços, a exemplo daqueles já elencados, isto é, o SRP do Regime Diferenciado de Contratações (regulamentado pelo Decreto Federal nº 7.581/11) e o SRP tradicional, da Lei nº 8.666/93 (regulamentado pelo Decreto Federal nº 7.892/13):

> A despeito da previsão de que o SRP das empresas estatais será regido por decreto do Poder Executivo, não nos parece possível alcançar a interpretação de que sua ausência impediria a utilização de outro decreto regulamentador do registro de preços, em conjunto com o regulamento interno da estatal. [...]
> Assim, a partir da análise dos sistemas de registro de preços da Lei nº 8.666/1993 e da Lei nº 12.462/2011, afigura-se possível adotar o regulamento previsto ao SRP/RDC às licitações das empresas estatais até a edição do aguardado decreto, salvo regulamentação específica adotada no regulamento interno. [...]

---

[6] DAWISON, Barcelos; TORRES, Ronny Charles Lopes de. *Licitações e contratos nas empresas estatais*: regime licitatório e contratual da Lei 13.303/2016. 2. ed. rev. atual. ampl. Salvador: Juspodivm, 2020, p. 513-530.

Reputamos válida, também, opção pelo uso do regulamento do SRP/ Tradicional (decreto federal nº 7.892/2013), desde que respeitados os requisitos presentes no art. 66 do Estatuto, bem como a adaptação de eventuais inconsistências entre os regimes da Lei nº 13.303/2016 e a Lei nº 8.666/1993.

Como sustentam José Torres Pereira Junior e Marinês Restelatto Dotti,[7] na ausência do decreto do Poder Executivo referido no art. 66 da Lei nº 13.303/16, as estatais podiam fazer uso do Decreto Federal nº 7.892/13, que disciplina o SRP no âmbito da Administração Pública Federal e estabelece expressamente, no art. 1º, sua aplicação a empresas públicas:

> Art. 1º As contratações de serviços e a aquisição de bens, quando efetuadas pelo Sistema de Registro de Preços - SRP, no âmbito da administração pública federal direta, autárquica e fundacional, fundos especiais, empresas públicas, sociedades de economia mista e demais entidades controladas, direta ou indiretamente pela União, obedecerão ao disposto neste Decreto.[8]

Também essa é a posição de Benjamin Zymler *et al.*:

> Até a data de conclusão do presente trabalho, o Poder Executivo Federal não havia editado decreto regulamentando o uso do sistema de registro de preços no âmbito das empresas estatais federais. Com isso, entende-se que, até que seja publicado o novo normativo, aplica-se, na esfera federal, o Decreto nº 7.892/2013 (norma mais atual a respeito do tema), que regulamenta o aludido procedimento no âmbito da Lei nº 8.666/1993.[9]

Joel de Menezes Niebuhr[10] também defendeu a aplicação da teoria da recepção em caso análogo, a partir da qual é mantida a vigência de normas anteriores a um novo regime jurídico, desde que não contrariem a novel legislação, em prol da segurança jurídica. A teoria da recepção surgiu no Direito Constitucional, mas sua utilização também é cabível em normas infraconstitucionais.

---

[7] PEREIRA JUNIOR, Jessé Torres et al. *Comentários à Lei das Empresas Estatais*: Lei nº 13.303/2016. 2. ed. Belo Horizonte: Fórum, 2020, p. 603-616.

[8] JUNIOR, Jessé Torres Pereira et al. *Comentários à Lei das Empresas Estatais*: Lei nº 13.303/201. 2. ed. Belo Horizonte: Fórum, 2020. p. 613.

[9] ZYMLER, Benjamin et al. *Novo regime jurídico de licitações e contratos das empresas estatais*: análise da Lei nº 13.303/2016 segundo a jurisprudência do Tribunal de Contas da União. Belo Horizonte: Fórum, 2018, p. 121.

[10] NIEBUHR, Joel de Menezes. *Pregão presencial e eletrônico*. Curitiba: Zênite, 2008. p. 38.

Como cediço, a Lei nº 8.666/93 e a Lei do RDC foram revogadas, dada a superveniência da Lei nº 14.133/21, que, conforme já adiantado, traz um novo sistema de registro de preços, de maneira que o procedimento de SRP hoje adotado pelas estatais, seja pela Lei nº 8.666/93, seja pela legislação do RDC, deixou de ser válido, podendo, no entanto, dada ainda a ausência de regulamentação federal do art. 66 da Lei das Estatais, ser adotada a nova modelagem instituída pelo Decreto Federal nº 11.462/23, nos termos da regulamentação interna da empresa pública ou sociedade de economia mista.

Entretanto, ainda que consigam superar a questão referente ao regulamento a ser adotado na condução do SRP, as estatais enfrentam, outrossim, polêmica relacionada à adesão às atas, tema tratado doravante.

Da adesão à ata de registro de preços: posições doutrinárias sobre o tema

Também conhecida como "carona", a adesão à ata de registro de preços permite que um órgão ou entidade não participante originalmente da licitação para SRP tome parte nele, usufruindo, portanto, dos seus benefícios.

Por meio dela, o órgão ou entidade, mesmo sem ter participado da fase preparatória do processo, pode se aproveitar das condições registradas após licitação realizada por outrem, desde que observados os requisitos legais e regulamentares para fazê-lo.[11]

Dúvida recorrente sobre o tema diz respeito à legalidade de promover-se adesão à ata de registro de preços entre empresas estatais e órgãos e entidades da Administração Pública Direta, autárquica e fundacional.

O tema descortina três soluções interpretativas:
a) atas de registro de preços gerenciadas por empresas estatais só podem ser objeto de adesão por outras empresas estatais;
b) empresas estatais podem aderir a atas gerenciadas por órgãos da Administração direta, autárquica e fundacional, mas órgãos da Administração direta, autárquica e fundacional não podem aderir a atas de estatais; e

---

[11] REIS, Paulo Sérgio Reis de Monteiro. *Sistema de Registro de Preços*: uma forma inteligente de contratar. Teoria e prática. Belo Horizonte: Fórum, 2020. p. 156.

c) adesão ampla, tanto de órgãos e entidades da Administração em geral quanto empresas públicas, que podem aderir às atas umas das outras.

Essas correntes serão tratadas em detalhe nas próximas linhas.

Empresas estatais só podem aderir a atas de outras empresas estatais

A posição segundo a qual atas de registro de preços gerenciadas por empresas estatais só podem ser objeto de adesão por outras empresas estatais leva em consideração dois argumentos, um de ordem constitucional e outro de ordem infraconstitucional.

Em primeiro lugar, a adesão, por parte da Administração direta, autárquica e fundacional a atas de registro de preços gerenciadas por empresas estatais, não seria possível em virtude da disparidade dos regimes de contratações aplicáveis às referidas pessoas jurídicas (Lei nº 14.133/21 e Lei nº 13.303/16).

Enquanto para as licitações e contratos da Administração direta, autárquica e fundacional a Constituição Federal houve por bem reservar um regime jurídico de direito público fundamentado no seu art. 37, inciso XXI, para as estatais ela teria reservado outro regime jurídico de contratações, esse mais adequado à natureza jurídica de direito privado dessas entidades, de modo que as licitações e contratos das últimas encontraria fundamento não no art. 37, inciso XXI, do texto constitucional, mas no art. 173, §1º, inciso III.

Assim, o regime de contratações da Lei nº 14.133/21, aplicável à Administração direta, autárquica e fundacional, não guardaria identidade com o regime de contratações da Lei nº 13.303/16, aplicável às estatais, do que decorreria óbice intransponível à possibilidade de a Administração direta, autárquica e fundacional aderir a atas gerenciadas por empresas públicas, e vice-versa.

Nesse sentido, afirmam Joel Menezes Niebuhr e Pedro de Menezes Niebuhr:

> Dúvida recorrente diz respeito à legalidade de promover-se adesão à ata de registro de preços entre estatais e órgãos e entidades da Administração Pública em geral. O ponto é que os regimes legais de licitação e contratação das estatais e da Administração Pública divergem: a ata de registro de preços das estatais é baseada na Lei nº 13.303/16 e da Administração Pública, na Lei nº 8.666/93. Sob essa perspectiva, deve-se considerar que as adesões entre estatais e Administração Pública já não

são mais permitidas, haja vista, repita-se, que os regimes de licitação e contratação não guardam identidade. Caso contrário, em razão de adesão de ata da Administração Pública em geral, a estatal poderia firmar contrato que foi licitado sob o regime da Lei nº 8.666/93, o que não tem lugar. É que os contratos das estatais devem ser fundamentados na Lei nº 13.303/16 e não na Lei nº 8.666/93.[12]

Em segundo lugar, argumenta-se que o SRP promovido pelas estatais só poderia ser objeto de adesão por outras estatais porque o §1º do art. 66 da Lei nº 13.303, de 2016, ao disciplinar o SRP/Estatais, fez remissão ao art. 1º da mesma lei, o qual, por sua vez, restringe a aplicação das normas daquela lei a empresas públicas e sociedades de economia mista que exploram atividade econômica de produção ou comercialização de bens ou de prestação de serviços públicos.[13]

Por esse ângulo entendem Dawison Barcelos e Ronny Charles Lopes de Torres:

> Ademais, compreendemos que o objeto de disciplinamento do §1º do art. 66 é a legitimidade para adesão a uma ata de registro de preços advinda de licitações realizadas sob o regime da Lei nº 13.303/2016. Em outros termos, a lei estabelece que apenas empresas públicas, sociedades de economia mistas e suas subsidiárias legitimam-se como possíveis aderentes a atas oriundas do SRP/Estatais. Proíbe-se, assim, que órgãos e entidades da administração pública direta, autárquica e fundacional possam valer-se dos preços registrados pelas empresas estatais.[14]

Além disso, Joel Menezes Niebuhr e Pedro de Menezes Niebuhr[15] acrescentam que o julgamento do TCU no Acórdão nº 1.192/10,[16] consulta que examinou a legalidade de adesões entre entidades do

---

[12] NIEBUHR, Joel Menezes; NIEBUHR, Pedro de Menezes. *Licitações e contratos das estatais*. Belo Horizonte: Fórum, 2018. p. 256.

[13] Art. 1º Esta Lei dispõe sobre o estatuto jurídico da empresa pública, da sociedade de economia mista e de suas subsidiárias, abrangendo toda e qualquer empresa pública e sociedade de economia mista da União, dos Estados, do Distrito Federal e dos Municípios que explore atividade econômica de produção ou comercialização de bens ou de prestação de serviços, ainda que a atividade econômica esteja sujeita ao regime de monopólio da União ou seja de prestação de serviços públicos.

[14] DAWISON, Barcelos; TORRES, Ronny Charles Lopes de. *Licitações e contratos nas empresas estatais*: regime licitatório e contratual da Lei 13.303/2016. 2. ed. rev. atual. ampl. Salvador: Juspodivm, 2020, p. 513-530.

[15] NIEBUHR, Joel Menezes; NIEBUHR, Pedro de Menezes. *Licitações e contratos das estatais*. Belo Horizonte: Fórum, 2018. p. 256.

[16] BRASIL. Tribunal de Contas da União. Plenário. Acórdão nº 1.192, de 26 de maio de 2010. Rel. Min. José Múcio Monteiro. Consulta. Processo nº 007.469/2010.

"Sistema S" e demais órgãos e entidades da Administração Pública, teria endossado essa tese. A conclusão, que seria aplicável às estatais, foi a seguinte:

> 9.1 conhecer da presente consulta, para responder ao consulente que não há viabilidade jurídica para a adesão por órgãos da Administração Pública a atas de registro de preços relativas a certames licitatórios realizados por entidades integrantes do sistema "S", uma vez que não se sujeitam aos procedimentos estritos da Lei nº 8.666/1993, podendo seguir regulamentos próprios devidamente publicados, assim como não se submetem às disposições do Decreto nº 3.931/2001, que disciplina o sistema de registro de preços; [...].

Para os autores citados, embora a consulta tenha versado sobre entidades integrantes do sistema "S", sua conclusão seria aplicável à situação jurídica das estatais, pois, assim como aquelas, as empresas estatais não se submetem às regras de licitações e contratos da Lei nº 8.666/93, mas aos seus regulamentos próprios, fundamentados no art. 40 da Lei nº 13.303/16.

Por fim, relevante citar a Decisão nº 1539/2021 do Tribunal de Contas do Distrito Federal (TCDF),[17] que, em sede de resposta à consulta formulada pelas Centrais de Abastecimento do Distrito Federal (CEASA/DF), decidiu o seguinte:

> a) não há previsão legal que embase a participação da CEASA/DF em procedimentos para realização de Sistema de Registro de Preços e/ou adesão a ata de registro de preços promovidos por órgãos e entidades da administração direta, autárquica e fundacional do Distrito Federal, tendo em vista a distinção do regime licitatório e de contratação prevista nas Leis nºs 13.303/2016 e 8.666/1993, podendo, naquilo que não contrarie a Lei das Estatais, utilizar-se o Decreto Distrital nº 39.103/2018 em conjunto com seu Regulamento Interno de Licitações e Contratos;
> b) poderá a CEASA/DF participar de procedimentos de SRP e/ou aderir a ARP quando forem formalizados por outras empresas públicas e sociedades de economia mista submetidas à Lei das Estatais;

---

[17] DISTRITO FEDERAL. TCDF. Tribunal de Contas do Distrito Federal. Decisão n. 1539/2021, Processo n. 00600-00009265/2020-57. Julgamento na Sessão Ordinária nº 5251, de 28 de abril de 2021. Disponível em: https://jurisprudencia.tc.df.gov.br/. Acesso em: 11 nov. 2024.

Essa mesma interpretação jurídica é sustentada pelo TCM/BA:

> LICITAÇÕES. SOCIEDADE DE ECONOMIA MISTA E EMPRESA PÚBLICA. LEI Nº 13.303/2016. SISTEMA DE REGISTRO DE PREÇOS. UTILIZAÇÃO DA ATA DE ÓRGÃO E ENTIDADE INTEGRANTE DA ADMINISTRAÇÃO DIRETA, AUTÁRQUICA E FUNDACIONAL. IMPOSSIBILIDADE. INTELIGÊNCIA DO ART. 66, §1º. Nos processos de contratações regidos pelo Sistema de Registro de Preços, desencadeados por sociedade de economia mista e empresa pública, apenas podem aderir/participar outras empresas estatais, assim como essas só estão autorizadas por lei a aderirem exclusivamente a atas de outras estatais. Tal entendimento origina-se do fato de que os órgãos e entidades integrantes da Administração Pública Direta, Autárquica e Fundacional ao realizarem o processo de contratação mediante o Sistema de Registro de Preços, serão disciplinados pelas normas da Lei nº 8.666/93, conjugada com a Lei nº 10.520/02 e das demais normas gerais de citações e contratos. Já as empresas estatais (sociedade de economia mista e empresa pública), por força do mandamento constitucional previsto no art. 173, §1º, inciso III, da Constituição Federal, possuem regramento próprio, qual seja, Lei nº 13.303/2016, especificamente, o art. 66, §1º.[18]

Com base nos fundamentos elencados, evidencia-se que, para os defensores da primeira corrente, as estatais somente poderão participar de procedimentos de SRP e/ou aderir a ARP quando forem formalizados por outras empresas públicas e sociedades de economia mista submetidas à Lei das Estatais.

Empresas estatais podem aderir a atas gerenciadas pela Administração em geral, mas a Administração em geral não pode aderir a atas gerenciadas por estatais

A solução interpretativa pela qual se admite que as empresas estatais participem ou adiram a atas de registro de preços gerenciadas por órgãos e entidades da Administração em geral, mas que não admite que tais órgãos e entidades adiram a atas gerenciadas por empresas públicas, considera que a diferença entre os regimes de contratações – o para a Administração em geral (Lei nº 14.133/21) e o da Lei nº 13.303/16 para as estatais – não implicaria óbice peremptório à referida adesão, apenas recomenda cautela e observância de certos requisitos ao fazê-lo.

---

[18] ESTADO DA BAHIA. TCM-BAHIA. Tribunal de Contas dos Municípios do Estado da Bahia. Parecer n. 02307-19. Consulta. Processo nº 16883e19, de 20 de novembro de 2019. Disponível em: https://www.tcm.ba.gov.br/. Acesso em: 11 nov. 2024.

Essa posição se assenta na premissa de que, diante da já apontada ausência, até a presente data, do decreto do Poder Executivo Federal que regulamentaria o SRP no âmbito das estatais (previsto no *caput* do art. 66 da Lei nº 13.303/16), conjugada com a inaplicabilidade imediata das normas dessa lei que versam sobre procedimentos auxiliares de licitações (por força do art. 71, inciso I, do Decreto Federal nº 8.945/16), as empresas estatais estariam autorizadas a utilizar o Decreto Federal nº 11.462/23, que disciplina o SRP no âmbito federal.

Como já demonstramos, Jessé Torres Pereira Junior e Marinês Restelatto Dotti, Dawison Barcelos e Ronny Charles Lopes de Torres e Benjamin Zymler *et al.*, todos subscrevem a possibilidade de adoção do Decreto Federal nº 7.892/13 pelas empresas estatais, entendimento que pode ser estendido para o regulamento que o substituiu – Decreto Federal nº 11.462/23.

Nesse sentido, ao utilizarem o referido decreto, as estatais podem fazer uso do SRP nele regulamentado, que traz a disciplina da adesão à ata de registro de preços, permitindo a convivência com a Administração direta, autárquica e fundacional.

Nas palavras de Dawison Barcelos e Ronny Charles Lopes de Torres:

> Não há proibição expressa a que uma empresa pública ou sociedade de economia mista adira a atas de registro de preços formalizadas a partir do SRP tradicional ou SRP/RDC. Ressalte-se, todavia, que a ausência de vedação legal não significa ampla liberdade para adesões entre os sistemas. A viabilidade da referida adesão depende do atendimento de dois requisitos: compatibilidade das condições registradas com o regime da Lei nº 13.303/2016; e previsão específica no regulamento interno.[19]

Como recomendam, essa possibilidade não significaria uma abertura indiscriminada à participação e adesão, que deveria ser feita com cautela, exigindo-se da estatal que verificasse a compatibilidade das condições registradas com o regime de suas contratações, regido que é pela Lei nº 13.303/16, e previsse expressamente em seu regulamento a figura do "carona".

Além disso, ainda de acordo com a doutrina de Dawison Barcelos e Ronny Charles Lopes de Torres,[20] essa segunda corrente teria ganhado

---

[19] DAWISON, Barcelos; TORRES, Ronny Charles Lopes de. *Licitações e contratos nas empresas estatais*: regime licitatório e contratual da Lei 13.303/2016. 2. ed. rev. atual. ampl. Salvador: Juspodivm, 2020, p. 513-530.

[20] *Op. cit.* p. 513-530.

força com o julgamento do Tribunal de Contas da União (TCU), o qual, a partir de sua Primeira Câmara, proferiu o Acórdão nº 4.222/17,[21] sinalizando pela possibilidade de entidades do "Sistema S" aderirem a ata de registro de preços de órgão ou entidade da Administração Pública desde que houvesse previsão em seu regulamento:

> O fato é que, no caso do Senai, o Regulamento de Licitações e Contratos não prevê a adesão à ata de registro de preços de órgão ou ente da administração pública. Seu art. 38-A apenas dispõe que "o registro de preço realizado por departamento do SENAI poderá ser objeto de adesão por outro departamento da entidade e por serviço social autônomo, desde que previsto no instrumento convocatório." Inexistindo previsão legal, não socorre o responsável a justificativa, sem comprovação, de que os valores eram inferiores aos da pesquisa de preços realizada, e não há como considerar regular a referida adesão.

O caso, embora trate das entidades do "Sistema S", poderia ser utilizado por analogia a fim de colher uma perspectiva da interpretação do TCU sobre empresas estatais, pois, tanto para as primeiras quanto para as últimas, o que se está em questão é a adesão, por pessoas jurídicas de direito privado, às atas de registro de preços da Administração direta, autárquica e fundacional.

Entendimento outro, porém, se aplicaria ao movimento inverso, isto é, a tentativa de adesão, por órgãos e entidades da Administração direta, autárquica e fundacional, ao SRP promovido por estatais.

Interpretando o art. 66, §1º, da Lei nº 13.303/16, Dawison Barcelos e Ronny Charles Lopes de Torres chegam à conclusão, já demonstrada no presente artigo e defendida pelo TCM/BA e TCDF, de que a Lei das Estatais teria legitimado apenas empresas públicas, sociedades de economia mista e suas subsidiárias como possíveis aderentes a atas oriundas do SRP/Estatais, tendo, por conseguinte, proibido que "órgãos e entidades da administração pública direta, autárquica e fundacional possam valer-se dos preços registrados por empresas estatais".[22]

Isso porque o dispositivo, ao dispor que "poderá aderir ao sistema referido no caput [SRP/Estatais] qualquer órgão ou entidade

---

[21] BRASIL. Tribunal de Contas da União – TCU. Primeira Câmara. Acórdão nº 4.222, de 6 de junho de 2017. Prestação de Contas. Processo nº 028.103/2015-7. Disponível em: https://pesquisa.apps.tcu.gov.br. Acesso em: 15 nov. 2024.

[22] DAWISON, Barcelos; TORRES, Ronny Charles Lopes de. *Licitações e contratos nas empresas estatais*: regime licitatório e contratual da Lei 13.303/2016. 2. ed. rev. atual. ampl. Salvador: Juspodivm, 2020, p. 513-530.

responsável pela execução das atividades contempladas no art. 1º desta Lei", teria sido expresso em restringir a disciplina da lei a empresas públicas, sociedades de economia mista e suas subsidiárias. Logo, órgãos e entidades que integram a Administração direta, autarquia e fundacional não estariam autorizados a aderir às atas de registro de preços gerenciadas por empresas estatais.

Nesse sentido também entendem Benjamin Zymler *et al.*:

> Entende-se que não é possível que órgãos da Administração Direta e demais entidades não alcançadas pela Lei nº 13.303/2016, tais como autarquias e fundações, sejam participantes de licitações efetuadas por empresas estatais fazendo uso do Sistema de Registro de Preços (SRP). Embora esse procedimento auxiliar tenda a ser semelhante ao do RDC, conforme já exposto, após a edição da Lei nº 13.303/2016, o regime jurídico das licitações e contratos das empresas estatais se distanciou significamente dos das demais entidades federais, que estão sujeitas à Lei nº 8.666/1993, à Lei nº 10.520/2002 e à Lei nº 12.462/2001.[23]

Em síntese, segundo essa corrente, uma coisa é uma empresa estatal aderir a uma ata de registro de preços gerenciada por órgãos ou entidades integrantes da Administração Pública direta, autárquica e fundacional – medida considerada juridicamente possível, desde que haja compatibilidade das condições registradas com o regime da Lei nº 13.303/16, bem como previsão específica no regulamento interno da estatal. Outra, bem diversa, seria a adesão, por órgãos ou entidades da Administração Pública direta, autárquica e fundacional, a uma ata de registro de preços gerenciada por empresas estatais – medida ilegal, pois vedada pelo art. 66, §1º, da Lei nº 13.303/16.

Novas nuances foram trazidas ao tema mediante a Orientação Normativa e-CJU/Aquisições/AGU nº 20, de 25 de janeiro de 2022, da Advocacia-Geral da União, que determinou, dentro de suas competências de órgão consultivo do Poder Executivo Federal, que "não é admitida a adesão, por parte de órgãos públicos da Administração Direta Federal, a atas de registro de preços gerenciadas por empresas públicas e sociedades de economia mista, cujas contratações decorrentes sejam lastreadas na Lei nº 13.303/2016".

Nessa mesma senda, o Enunciado 315 do Instituto Brasileiro de Direito Administrativo aprovado em 2024, segundo o qual "são vedadas

---

[23] ZYMLER, Benjamin *et al. Novo regime jurídico de licitações e contratos das empresas estatais*: análise da Lei nº 13.303/2016 segundo a jurisprudência do Tribunal de Contas da União. Belo Horizonte: Fórum, 2018, p. 121.

as adesões, por órgãos da Administração direta, autárquica e fundacional, a atas de registro de preços geradas por empresas estatais, com a aplicação do regime licitatório e contratual da Lei n. 13.303/2016".[24]

Outrossim, relevante citar a posição do Tribunal de Contas do Estado do Paraná em sede de consulta, nos termos do Acórdão nº 1.656/23 – Tribunal Pleno,[25] o qual firmou o entendimento de que é possível a estatal figurar como participante de atas da Administração Pública direta, autárquica e fundacional, mas não na qualidade de "carona":

> O artigo 66, parágrafo 1º, da Lei nº 13.303/16, prevê que as entidades poderão aderir ao Sistema de Registro de Preços (SRP), regulamentado por decreto do Poder Executivo. Isso não abrange a figura do "carona", tratado no Acórdão nº 1105/14 - Tribunal Pleno do TCE-PR.
>
> Assim, as empresas estatais poderão adotar a regulamentação do SRP realizada pelo Poder Executivo da União, dos estados, do Distrito Federal ou dos municípios na condição de participantes (aquele que integra e faz parte desde logo da formação da ata) e não como aderente (aquele que adere posteriormente à ata, conhecido com carona).

Quer parecer-nos que a diferença entre os regimes de contratação da Lei nº 14.133/21, aplicável à Administração direta, autárquica e fundacional, e da Lei nº 13.303/16, aplicável às empresas estatais, não impede a adesão, por empresas estatais, ao SRP/tradicional, mas recomenda cautela e a observância de requisitos indispensáveis antes de fazê-lo.

De acordo com a posição aqui trazida, a incompatibilidade entre os regimes de contratação existe apenas em abstrato, podendo ser superada no caso concreto se a hipótese permitir uma adaptação do contrato a ser firmado via adesão às regras da Lei nº 13.303/16 e se for possível demonstrar que ela seria mais vantajosa do ponto de vista econômico para a estatal.

A esse respeito, anotam Dawison Barcellos e Ronny Charles Lopes de Torres que as diferenças existentes entre os regimes licitatórios "influenciam, inclusive, na precificação engendrada pelos interessados", de maneira que:

---

[24] Disponível em: https://ibda.com.br/wp-content/uploads/2024/12/Enunciados-sobre-a-Lei-14.133-21-p1-1.pdf.

[25] ESTADO DO PARANÁ. ESTADO DO PARANÁ. Tribunal de Contas do Estado do Paraná. Tribunal Pleno. Acórdão nº 1.656, de 10 de julho de 2023. Consulta. Processo nº 35624/17. Disponível em: https://www1.tce.pr.gov.br . Acesso em: 15 nov. 2024.

Considerando as significativas diferenças existentes entre os regimes licitatórios, que influenciam, inclusive, na precificação engendrada pelos interessados, a referida compatibilidade deverá ser cabalmente demonstrada, devendo ser rechaçada quando, por exemplo, o certame originário tiver se valido de exigências e de condições vedadas no regime da Lei nº 13.303/2016.[26]

Destarte, para que a adesão de uma empresa estatal a uma ata da administração direta se dê dentro dos preceitos de legalidade, os seguintes requisitos cumulativos devem estar presentes no caso concreto:
 a) para a possibilidade de adesão das atas da Administração direta deve o gestor público verificar a compatibilidade dos termos fixados no edital/ata a que se pretende aderir com o regime jurídico da Lei das Estatais, particularmente em razão das cláusulas exorbitantes não mais totalmente aplicáveis aos contratos estatais; nos casos em que houver incompatibilidade das disposições editalícias com o novo regime jurídico das estatais, é inviável a adesão, ainda que exista previsão no Regulamento Interno; e
 b) no tocante às características de celeridade e economia do SRP, é insuficiente a simples menção de vantagem financeira para que a estatal renuncie à realização de licitação nos moldes da Lei nº 13.303, de 2016, com vistas à adesão à ata de registro de preços da Administração direta (Lei nº 8.666, de 1993). A adesão nessas hipóteses somente pode ser efetivada, excepcionalmente, se e somente se, for comprovada, documentalmente, a vantajosidade do registro de preços, considerada a possibilidade de realização de licitação com fundamento nas normas brandas ditadas pela Lei nº 13.303, de 2016, que podem repercutir positivamente nos preços propostos na contratação.

É imperioso, portanto, demonstrar que, naquele caso específico, a adesão à ata da Administração direta, autárquica e fundacional, mais do que a mera vantagem operacional de se evitar a realização de outra licitação, traria efetiva vantagem econômica (preços, qualidade e demais variáveis de eficiência) à estatal, sendo a opção mais capaz de promover a seleção de proposta mais vantajosa.

---

[26] DAWISON, Barcelos; TORRES, Ronny Charles Lopes de. *Licitações e contratos nas empresas estatais*: regime licitatório e contratual da Lei 13.303/2016. 2. ed. rev. atual. ampl. Salvador: Juspodivm, 2020, p. 513-530.

A ampla possibilidade de adesão

A última corrente sobre o tema defende a adesão ampla, isto é, tanto os órgãos e entidades da Administração pública direta, autárquica e fundacional, quanto as empresas públicas poderiam aderir às atas umas das outras.

De acordo com Jessé Torres Pereira Junior e Marinês Restelatto Dotti:

> Além disso, a aplicabilidade do Decreto nº 7.892/13 estende-se não só a essas entidades citadas, mas também a órgãos da administração pública federal direta, de que se extrai a possibilidade de que órgãos federais e empresas estatais federais participem da mesma licitação para o sistema de registro de preços. O mesmo raciocínio é válido para os órgãos da administração pública federal direta que almejem participar de licitações para o sistema de registro de preços promovidas por empresas estatais federais, ou seja, órgãos federais podem participar de licitações para o sistema de registro de preços promovidas por empresas estatais federais. Registre-se que, para ambos, ou seja, órgãos e empresas estatais federais, a validade da ata de registro de preços não poderá ultrapassar doze meses, por aplicação do disposto no art. 12 do Decreto nº 7.892/13.[27]

Para os referidos autores, o *caput* do art. 22 do Decreto Federal nº 7.892/13, ao dispor que "[...] a ata de registro de preços, durante sua vigência, poderá ser utilizada por qualquer órgão ou entidade da administração pública federal que não tenha participado do certame licitatório", teria utilizado os termos "órgão" e "entidade" em sentido amplo, o que abarcaria e legitimaria a participação no SRP/tradicional tanto por parte de órgãos e entidades que compõem a Administração direta, autárquica e fundacional, como pelas empresas estatais.

Este último entendimento, especialmente após a Advocacia-Geral da União ter emitido a Orientação Normativa e-CJU/Aquisições/AGU nº 20, de 25 de janeiro de 2022, não prospera mais perante a Administração Direta, autárquica e fundacional federal, com reflexos, portanto, nas atas das empresas públicas e sociedades de economia mista. Ademais, o Decreto Federal nº 7.892/13 foi revogado.

Entretanto, apesar de ser minoritário e não ter aplicação em âmbito federal, é possível observar esta corrente reverberar no Poder

---

[27] PEREIRA JÚNIOR, Jessé Torres; DOTTI, Marinês Restelatto. *O sistema de registro de preços recepcionado e aperfeiçoado pela nova lei das licitações e contratações*. Procedimentos auxiliares das licitações e das contratações administrativas. Belo Horizonte: Fórum, 2022. 143-145.

Executivo de outros entes, como é o caso do Governo do Estado do Ceará, o qual editou o Decreto Estadual nº 35.314, de 24 de fevereiro de 2023. Por intermédio desse regulamento, é permitida a ampla participação e adesão de estatais e órgãos/entidades da Administração Direta, autárquica e fundacional, desde que seja adotada a modalidade pregão na licitação, bem como sejam anexadas ao edital minutas de contrato adequadas ao regime da Lei nº 13.303/16, para as estatais, e da Lei nº 14.133/21, para os demais órgãos e entidades.

De igual qualidade, a Controladoria-Geral do Estado do Estado do Mato Grosso[28] admite não encontrar óbice à participação das estatais nas atas da Administração Direta do Estado de Mato Grosso, na condição de participante ou carona.

Como compatibilizar a participação e carona das estatais em atas da Administração direta, autárquica e fundacional

Para Marçal Justen Filho,[29] a atividade hermenêutica não se desenvolve "fora do mundo", ela deve ser atrelada a circunstâncias da realidade fática e a compreensão do aspecto valorativo do Direito. Não se pode avaliar a (im)possibilidade de adesão/participação das estatais em atas de registro de preços com órgãos da Administração Direta, autárquica e fundacional sem ponderar as consequências no caso concreto. Assim, a aplicação da norma exige a observância das consequências fáticas das soluções interpretativas soerguidas, nos termos dos arts. 5º, 20 e 21 da Lei de Introdução às Normas do Direito Brasileiro (LINDB), a partir dos quais não mais cabe ao intérprete aplicar o Direito sem ponderar as consequências decorrentes de sua hermenêutica.

Diante disso, a aplicação de uma das três soluções interpretativas citadas deve ser ponderada com as consequências fáticas e econômicas para cada agente envolvido.

Na classificação clássica de Renato Geraldo Mendes,[30] as necessidades administrativas são divididas em gerais e específicas.

---

[28] ESTADO DE MATO GROSSO. Controladoria Geral do Estado. Empresas públicas podem aderir à ata de registro de preços da administração direta. Disponível em: https://www.cge.mt.gov.br/-/17934010-empresas-publicas-podem-aderir-a-ata-de-registro-de-precos-da-administracao-direta. Acesso em: 13 nov. 2023.

[29] JUSTEN FILHO, Marçal. *Introdução ao Estudo do Direito*. 2. ed. Rio de Janeiro: Forense, 2021. 290 e ss.

[30] MENDES, Renato Geraldo. *O Processo de Contratação Pública* – Fases, etapas e atos. Curitiba: Zênite, 2012. p. 95.

As primeiras são aquelas comuns às diferentes pessoas que integram a estrutura orgânica da Administração Pública. Já as segundas revelam problemas peculiares, específicos a determinada entidade ou órgão, conforme sua missão institucional. É inegável que as estatais contratam soluções decorrentes de necessidades administrativas gerais, comuns aos demais órgãos da Administração: material de escritório, limpeza, higiene, gêneros alimentícios, combustíveis, material de construção, manutenção predial e etc. Com efeito, há um espaço de convivência.

Portanto, é preciso analisar se seria eficiente, razoável e proporcional, em um mesmo espaço territorial, a Administração Pública de determinado ente ter mais de uma ata de registro de preços dentro da sua estrutura orgânica, com a formalização de preços distintos para um mesmo objeto. O resultado dessa verificação não pode ter alicerce em hermenêutica abstrata, mas sim depender de uma avaliação baseada em estudos econômicos concretos.

Do ponto de vista formal, a Administração Pública do Estado do Ceará já demonstrou que o convívio das estatais com os demais órgãos do organismo estrutural em uma mesma ata é possível, seja como participante ou em sede de carona, desde que: a) o processo da fase externa seja compatível com os microssistemas aplicáveis — Lei nº 14.133/21 e Lei nº 13.303/16, utilizando-se o pregão para essa finalidade; b) o ato convocatório do processo de contratação traga minutas de contratos adequadas aos dois regimes jurídicos aplicáveis — Lei nº 14.133/21 e Lei nº 13.303/16.

Sobre a primeira condicionante, sobreleva notar que as estatais detêm flexibilidade para disciplinar procedimentos de licitação em seu regulamento interno de licitações e contratos (art. 40 da Lei nº 13.303/16). Destarte, nada impede que seja regrado internamente pela empresa procedimento licitatório compatível com o utilizado pela Administração direta, autárquica e fundacional, a fim viabilizar a compra corporativa a partir da mesma ata de registro de preços.

De fato, a inteligência do art. 66, §1º, veda a adesão tardia da Administração direta, autárquica e fundacional às atas de registro de preços licitadas exclusivamente sob o regime da Lei nº 13.303/16. Contudo, o dispositivo não impede a modelagem de um processo de licitação para registro de preços em que esses atores participem conjuntamente desde a fase preparatória, observadas as condicionantes já elencadas.

Com efeito, vale ressaltar que é imprescindível evidenciar, ainda em estudo técnico preliminar, a viabilidade econômica da participação síncrona, ponderando se, na convivência, os benefícios da economia de escala, oriundos do quantitativo somado dos agentes envolvidos na compra corporativa, são superiores ao risco de aumento do preço por parte dos fornecedores para as estatais, tendo em vista a eventual precificação das cláusulas exorbitantes inerentes ao regime de contratos da Administração direta, autárquica e fundacional. Reitere-se: mais do que a mera vantagem operacional de se evitar a realização de outra licitação, os estudos devem evidenciar efetiva vantagem econômica (preços, qualidade e demais variáveis de eficiência) à estatal, sendo a opção mais capaz de promover a seleção de proposta mais vantajosa.

No âmbito da União, talvez a convivência seja irrelevante, tendo em vista a distribuição territorial dos órgãos e entidades por todo o território nacional. Contudo, para os Estados, Distrito Federal e Municípios a manutenção da aquisição corporativa é relevante, na medida em que todas as suas estatais e órgãos da Administração direta, autárquica e fundacional ocupam uma mesma circunscrição geográfica, tornando-se viável o atendimento das necessidades gerais a mais de um órgão ou a mais de uma entidade, inclusive nas compras centralizadas.

Considerações finais

Diante da atual falta de regulamentação do art. 66 da Lei nº 13.303/16, as empresas estatais têm a possibilidade de aplicar as diretrizes estabelecidas no Decreto Federal nº 11.462/23, o que deverá ter previsão no normativo interno sobre contratações da estatal, enquanto persistir a lamentável omissão em relação ao regime específico.

Quanto à autorização para que as empresas estatais adiram e/ou participem de atas de registro de preços gerenciadas por órgão ou entidade da Administração Direta, autárquica e fundacional, e/ou por outras empresas estatais, o estudo identificou a existência de três linhas hermenêuticas.

A primeira corrente sustenta que as atas de registro de preços gerenciadas por empresas estatais só podem ser objeto de adesão por outras empresas estatais, levando em consideração dois argumentos: um de ordem constitucional, considerando a diferenciação entre os regimes constitucionais de contratação, e a interpretação literal do art. 66, §1º, da Lei nº 13.303/16.

De outro lado, a segunda abordagem defende a possibilidade de as empresas estatais aderirem a atas gerenciadas pela Administração em geral, mas argumenta que a Administração em geral não pode aderir a atas gerenciadas por estatais. De acordo com essa perspectiva, enquanto persistir a falta de regulamentação do art. 66, as estatais podem fazer uso do Sistema de Registro de Preços (SRP) disciplinado nos decretos aplicáveis aos demais órgãos, inclusive em relação à adesão à ata de registro de preços, permitindo a convivência com a Administração direta, autárquica e fundacional.

Já a terceira perspectiva defende a ampla adesão/participação baseada na disciplina do art. 22 do Decreto Federal nº 7.892/13. Contudo, no âmbito federal, o entendimento já foi superado pela Orientação Normativa AGU nº 20/2022, impedindo a "a adesão, por parte de órgãos públicos da Administração Direta Federal, a atas de registro de preços gerenciadas por empresas públicas e sociedades de economia mista, cujas contratações decorrentes sejam lastreadas na Lei nº 13.303/2016", bem como em razão da revogação do decreto.

Essas visões devem considerar cuidadosamente as repercussões práticas e econômicas para cada parte envolvida, não podendo ficar resumidas à análise de normas abstratas.

A prática adotada pelo Poder Executivo do Estado do Ceará é um exemplo significativo onde se mantém a cooperação em atas de registro de preços corporativas, cumprindo duas condições principais: 1) a conformidade da fase externa do processo com as Leis nºs 14.133/2021 e 13.303/2016, facilitada pela flexibilidade das estatais em adaptar seus procedimentos licitatórios; e 2) a inclusão no edital de minutas contratuais compatíveis com ambos os regimes jurídicos.

Embora a Lei das Estatais proíba adesões tardias em atas regidas exclusivamente por ela para órgãos da Administração direta, autárquica e fundacional, ela não impede a participação conjunta desde o início, dando margem ao modelo do Estado do Ceará. É fundamental, no entanto, comprovar a viabilidade econômica dessa colaboração, equilibrando os ganhos com a economia de escala e os potenciais aumentos de preço devido às diferenças entre os regimes jurídicos.

A proposta é importante para Estados, o Distrito Federal e Municípios, onde essa cooperação é essencial. Ela permite atender às necessidades comuns de diversos órgãos e entidades concentrados na mesma região ou local, sejam eles estatais ou não, otimizando as compras centralizadas e gerando benefícios econômicos.

Referências

BRASIL. Advocacia-Geral da União. Orientação Normativa e-CJU/Aquisições/AGU nº 20, de janeiro de 2022. Disponível em: https://sapiens.agu.gov.br/valida_publico?id=806737639. Acesso em: 13 nov. 2023.

BRASIL. Tribunal de Contas da União – TCU. Primeira Câmara. Acórdão nº 4.222, de 6 de junho de 2017. Prestação de Contas. Processo nº 028.103/2015-7. Disponível_em:_https://pesquisa.apps.tcu.gov.br. Acesso em: 15 nov. 2024.

BRASIL. Tribunal de Contas da União. Plenário. Acórdão nº 1.192, de 26 de maio de 2010. Rel. Min. José Múcio Monteiro. Consulta. Processo nº 007.469/2010.

COLOMBAROLLI, Bruna Rodrigues. *Carona*: federalismo por cooperação e eficiência administrativa. Registro de preços: análise da Lei nº 8.666/93, do Decreto Federal nº 7.892/13 e de outros normativos (atualizado conforme o Decreto nº 8.250/14). 2. ed. rev. e atual. Belo Horizonte: Fórum, 2014.

DAWISON, Barcelos; TORRES, Ronny Charles Lopes de. *Licitações e contratos nas empresas estatais*: regime licitatório e contratual da Lei 13.303/2016. 2. ed. rev. atual. ampl. Salvador: Juspodivm, 2020.

DISTRITO FEDERAL. TCDF. Tribunal de Contas do Distrito Federal. Decisão n. 1539/2021, Processo n. 00600-00009265/2020-57, Julgamento na Sessão Ordinária nº 5251, de 28 de abril de 2021. Disponível em: https://jurisprudencia.tc.df.gov.br/. Acesso em: 11 nov. 2024.

ESTADO DA BAHIA. TCM-BAHIA. Tribunal de Contas dos Municípios do Estado da Bahia. Parecer n. 02307-19, Consulta, Processo n. 16883e19, de 20 de novembro de 2019. Disponível em: https://www.tcm.ba.gov.br/. Acesso em: 11 nov. 2024.

ESTADO DE MATO GROSSO. Controladoria Geral do Estado. Empresas públicas podem aderir à ata de registro de preços da administração direta. Disponível em: https://www.cge.mt.gov.br/-/17934010-empresas-publicas-podem-aderir-a-ata-de-registro-de-precos-da-administracao-direta. Acesso em: 13 nov. 2024.

ESTADO DO CEARÁ. Decreto Estadual nº 35.323, de 24 de fevereiro de 2023. Disponível em: http://imagens.seplag.ce.gov.br/PDF/20230228/do20230228p01.pdf#page=8. Acesso em: 13 nov. 2023.

ESTADO DO PARANÁ. ESTADO DO PARANÁ. Tribunal de Contas do Estado do Paraná. Tribunal Pleno. Acórdão nº 1.656, de 10 de julho de 2023. Consulta. Processo nº 35624/17. Disponível em: https://www1.tce.pr.gov.br . Acesso em: 15 nov. 2024.

JUSTEN FILHO, Marçal. *Introdução ao Estudo do Direito*. 2. ed. Rio de Janeiro: Forense, 2021.

MENDES, Renato Geraldo. *O Processo de Contratação Pública* – Fases, etapas e atos. Curitiba: Zênite, 2012.

NIEBUHR, Joel Menezes; NIEBUHR, Pedro de Menezes. *Licitações e contratos das estatais*. Belo Horizonte: Fórum, 2018.

NIEBUHR, Joel de Menezes. *Pregão presencial e eletrônico*. Curitiba: Zênite, 2008.

PEREIRA JÚNIOR, Jessé Torres *et al. Comentários à Lei das Empresas Estatais*: Lei nº 13.303/2016. 2 ed. Belo Horizonte: Fórum, 2020.

PEREIRA JÚNIOR, Jessé Torres; DOTTI, Marinês Restelatto. *O sistema de registro de preços recepcionado e aperfeiçoado pela nova lei das licitações e contratações*. Procedimentos auxiliares das licitações e das contratações administrativas. Belo Horizonte: Fórum, 2022.

REIS, Paulo Sérgio Reis de Monteiro. *Sistema de Registro de Preços*: uma forma inteligente de contratar. Teoria e prática. Belo Horizonte: Fórum, 2020.

ZYMLER, Benjamin et al. *Novo regime jurídico de licitações e contratos das empresas estatais*: análise da Lei nº 13.303/2016 segundo a jurisprudência do Tribunal de Contas da União. Belo Horizonte: Fórum, 2018.

Informação bibliográfica deste livro, conforme a NBR 6023:2018 da Associação Brasileira de Normas Técnicas (ABNT):

BRAGAGNOLI, Renila; ALMEIDA, Victor. A aplicação do Sistema de Registro de Preços às empresas estatais: as polêmicas sobre a regulamentação a ser seguida e os limites subjetivos à convivência das estatais com outros órgãos e entidades. *In*: FORTINI, Cristiana; SCHWIND, Rafael Wallbach; BRAGAGNOLI, Renila; VIEIRA, Virginia Kirchmeyer (coord.). *Empresas estatais*: análise de decisões judiciais e do controle externo. Belo Horizonte: Fórum, 2025. p. 93-115. ISBN 978-65-5518-977-3.

A ASSESSORIA JURÍDICA NAS EMPRESAS ESTATAIS SOB A PERSPECTIVA DA LEI Nº 13.303/16: A AUSÊNCIA DE PREVISÃO LEGAL, AS NOVAS COMPETÊNCIAS E A LINDB COMO FERRAMENTA DE SEGURANÇA JURÍDICA

RENILA BRAGAGNOLI

Introdução

A assessoria jurídica nas empresas estatais exerce papel crucial ao garantir juridicidade, conformidade, mitigar riscos e apoiar decisões administrativas alinhadas aos princípios de governança e transparência. Embora a Lei nº 13.303/2016, Lei das Estatais, estabeleça um marco regulatório robusto para aspectos de gestão e um novo sistema licitatório e contratual, ela omite disposições claras sobre a atuação do assessor jurídico, exigindo adaptações e uma abordagem proativa das estatais para normatizar essa função. Diante disso, a Lei de Introdução às Normas do Direito Brasileiro (LINDB), especialmente após as alterações da Lei nº 13.655/2018, torna-se essencial para assegurar a segurança jurídica e a eficácia das práticas jurídico-institucionais, orientando a atuação jurídica no contexto complexo e dinâmico das estatais. Considerando a relevância dos pareceres jurídicos para as empresas públicas e sociedades de economia mista, demonstra-se a premente necessidade de harmonização das práticas internas e diretrizes legais ao elaborá-lo.

A Lei das Estatais e a assessoria jurídica

A assessoria jurídica desempenha um papel essencial nas empresas estatais, regidas pela Lei nº 13.303/2016 — Lei das Estatais. Essa legislação, criada para melhorar a governança, a transparência, a responsabilidade, além de inaugurar um novo regime das licitações e contratos nas empresas públicas e sociedades de economia mista, exige que essas organizações adotem práticas rigorosas de conformidade e integridade. Nesse contexto, a assessoria jurídica torna-se indispensável para garantir que todas as ações estejam alinhadas com as exigências legais e regulatórias, prevenindo riscos e promovendo uma gestão pública eficiente e ética.

No entanto, não obstante a legislação específica para estatais e as novas funções trazidas por ela, a Lei nº 13.303/2016 não traz quaisquer menções à atuação da assessoria jurídica.

Como pontuado por Niebuhr e Niebuhr (2018, p. 151), a Lei nº 13.303/16 "é omissa sobre a atuação da assessoria jurídica em relação aos editais das estatais e à etapa preparatória", assim sendo, a clássica atuação do assessor jurídico no contexto da já revogada Lei nº 8.666/1993 e com atuação extremamente clara e rebuscada na Lei nº 14.133/2021 que sucedeu aquela, não encontra guarida na Lei das Estatais, que "não obriga que os editais sejam previamente submetidos à assessoria jurídica e aprovados por ela, tal qual o parágrafo único do art. 38 da Lei nº 8.666/93, mas também não proíbe que o sejam", como concluem os autores.

Barcelos e Torres (2024, p. 73) também admitem que a Lei das Estatais não se reporta ao procedimento de prévia aprovação de minutas de editais pela assessoria jurídica, advertindo, contudo, que a não previsão de atuação do jurídico "não parece ter sido desproposidata ou fruto de mero esquecimento, mas uma opção legislativa expressa por retirar, como regra geral, esse passo de controle burocrático, pelo órgão de assessoria jurídica, como ato obrigatório".

Não obstante a omissão da Lei nº 13.303/2016 em prever a atuação da assessoria jurídica em seu texto, as estatais têm o poder-dever de editar e manter atualizado o seu regulamento interno de licitações e contratos, nos termos do art. 40, podendo, caso entendam necessário, trazer previsões acerca da atuação do seu corpo consultivo, não apenas em matéria de licitações e contratos, mas em todos os assuntos em que haja relevantes riscos jurídicos, de legalidade ou, ainda, para uma análise mais macro com foco na adequação da demanda aos critérios mercadológicos ao ambiente de negócios ao qual a estatal está inserida. Importante a reflexão de Niebuhr e Niebuhr (2018, p. 151):

> Pode-se discordar da Lei nº 13.303/16, entender que a solução dada por ela é inconveniente, que seria melhor obrigar a submissão do edital à assessoria jurídica. Trata-se de discussão de mérito legislativo. No entanto, em que pese o respeito a todas as opiniões, é preciso admitir que o legislador não prescreveu a obrigatoriedade da atuação da assessoria jurídica e a opção do legislador, concorde-se ou discorde-se, é legítima. De todo modo, nada impede que as estatais resolvam submeter os seus editais à prévia análise da assessoria jurídica. Nada lhes impede, não há norma jurídica que proíba. Também, por outro lado, nada as obriga. Nesse sentido, é de registrar que as estatais podem dispor do assunto nos seus regulamentos de licitação e contrato, conforme art. 40 da Lei nº 13.303/16. Podem obrigar a análise da assessoria jurídica, podem dispensá-la e podem prever solução híbrida, com casos em que é obrigatória e casos em que é facultativa.

A ausência de previsão legal não impede, portanto, que, "em seu regulamento interno, a estatal estabeleça a necessária aprovação das minutas ou controle prévio de legalidade, pela assessoria jurídica, como *step* de controle burocrático, em todos os processos de licitação e contratações, ou apenas nos mais complexos ou relevantes", como salientado por Barcelos e Torres (2024, p. 75).

Nesse contexto de ausência de previsão legal para atuação da assessoria jurídica, os órgãos de controle têm se manifestado no sentido de a matéria poder, de fato, ser tratada no regulamento interno, como no caso do Tribunal de Contas do Estado de Minas Gerais, que, ao julgar o Recurso Ordinário 1040059,[1] decidiu que "em consonância com o disposto na Lei nº 13.303/16, a utilização de edital previamente padronizado e examinado pela assessoria jurídica do órgão dispensa o exame caso a caso", em uma toada que convalida também a diretriz da padronização inserta no art. 32, inciso I, da Lei nº 13.303/2016.

Ainda sob a perspectiva do órgão de controle, o Tribunal de Contas do Município do Rio de Janeiro[2] enfrentou a matéria, trazendo um entendimento muito arraigado nas disposições da Lei nº 8.666/1993. Assim o Acórdão nº 2.110/2023 determinou ciência à RIOSAÚDE —

---

[1] TCE-MG. Recurso Ordinário nº 1040059. Rel. Cons. Mauri Torres. Sessão do dia 27/06/2018. Disponibilizada em 06/08/2018.
[2] TCM-RJ. Acórdão nº 2.110/2023.

Empresa Pública de Saúde do Rio de Janeiro S/A de que, "em situações futuras análogas, assegure que as minutas de editais de licitação, bem como as dos contratos, acordos, convênios ou ajustes sejam previamente examinadas e aprovadas por seu órgão de Assessoria Jurídica, em atendimento ao princípio da eficiência, insculpido no art. 37, *caput*, da Constituição Federal e à *mens legis* do art. 62, VIII, do Decreto nº 44.698/2018, que regulamenta a Lei das Estatais nº 13.303/2016". Por conveniente, extrai-se trecho do Voto do Conselheiro-Relator:

> Desse modo, considera-se prudente manter esse entendimento e, segundo prescrição do art. 219, IV, do RITCMRio, cientificar a RIOSAÚDE a fim de evitar futuras ocorrências de tal impropriedade, até mesmo porque continua vigente a previsão do art. 3º, inciso I, do Decreto nº 47.071/2019: [...]
> Art. 3º Deverão ainda ser submetidos à análise e parecer da CODESP os processos administrativos relativos a:
> I - convênios, parcerias voluntárias, contratos de gestão, licitações e contratos de prestação de serviços, bem como seus aditivos, desde que possuam mão de obra preponderante. [...]
> A diligência seguinte se referia à apresentação do parecer prévio da Assessoria Jurídica da Administração aprovando a minuta do edital/contrato.
> Novamente neste aspecto, a Jurisdicionada se amparou na justificativa de que a exiguidade do prazo não permitiu o cumprimento de todas as etapas formais de contratação sem colocar em risco a continuidade dos serviços.
> A Especializada sugere a relativização na obrigatoriedade de emissão de parecer prévio referente à minuta do edital/contrato, pela Assessoria Jurídica, tendo em vista que a Lei das Estatais nº 13.303/2016 não contém essa previsão de forma expressa.
> Apresenta, ainda, entendimento da doutrina no sentido de que, em caso de omissão ou dubiedade nas disposições da Lei Federal nº 13.303/2016, não se deve buscar socorro na Lei Federal n.º 8.666/93, pois são regimes jurídicos distintos.
> Em que pese as considerações acima, não se pode olvidar que o aludido documento é de importância ímpar, visto que a opinião jurídica nele contida possibilita o aprimoramento de procedimentos e/ou oportunidades de melhoria de desempenho, subsidiando as diretrizes adotadas pelo gestor e provendo maior eficiência para tais decisões, em observância, justamente, ao Princípio da Eficiência, expressamente previsto no art. 37, caput, da CF/88.[3]

---

[3] TCM – RJ. Voto nº 30304/2023 – IRF. Processo: 040/101374/2021. Data da Sessão: 30.06.2023.

Em entendimento muito aproximado ao já exposto, o professor Sidney Bittencourt (2017, p. 236) admite que a Lei das Estatais não trata sobre a aprovação jurídica da minuta do edital, "o que tem sido entendido como ato não obrigatório", no entanto, entende "ser necessária a aprovação do setor jurídico competente para que ocorra eficácia jurídica". Porém, para o autor, o parecer jurídico não necessariamente deverá ser seguido, e "o não seguimento não nulifica o procedimento se o edital ou o contrato não possuía vicio, pois se configuraria tão somente responsabilidade funcional para os que deixaram de atender à formalidade", conclui.

Noutro giro e para além da dispensa de parecer jurídico em caso de existência de minuta-padrão, o Tribunal de Contas do Município do Rio de Janeiro, mediante o Voto nº 648/2022 – FGP,[4] enfrentou o tema da obrigatoriedade de emissão de parecer jurídico prévio e, ante a ausência de desconformidade do processo analisado, o feito foi arquivado. Tem-se trecho relevante do Voto do Conselheiro-Relator:

> Consoante o exposto pelo Corpo Técnico, o parecer da Assessoria Jurídica não está presente nos autos. Entretanto, não há previsão expressa na legislação aplicável à natureza jurídica da RIOSAÚDE, a Lei das Estatais nº 13.303/16, de necessidade de emissão de tal parecer, recaindo, portanto, juridicamente, sobre o próprio gestor público a responsabilidade pelas contratações realizadas.

Como se percebe, os tribunais de contas, quando enfrentam o tema da assessoria jurídica nas empresas estatais, muito embora não deixem de assentar que a Lei nº 13.303/2016 não tratou do assunto, fazem-no de maneira distinta, ora pela dispensa do parecer em caso de minuta-padrão, ora pela obrigatoriedade mesmo ante o silêncio da Lei das Estatais, ora informando que não há irregularidade em não ter parecer jurídico, dado que a lei silencia sobre o assunto, de maneira que a forma mais segura de delimitar a atuação da assessoria jurídica é normatizar via regulamento interno de licitações e contratos, nos termos do art. 40 da Lei das Estatais.

---

[4] TCM-RJ. Voto nº 648/2022 – FGP. Processo: 040/100439/2022. Data da Sessão: 02.09.2022.

As novas competências da assessoria jurídica nas empresas estatais

Para a administração pública a assessoria jurídica atua como um guardião da juridicidade, para além da legalidade, orientando desde a execução de políticas e estratégias internas até o desenho do procedimento licitatório e as regras contratuais. Além disso, a assessoria jurídica tem a função de acompanhar as constantes mudanças na legislação, aplicando-as de forma a proteger a administração de questionamentos legais e de possíveis intervenções dos órgãos de controle, como o Tribunal de Contas e o Ministério Público.

No caso das empresas estatais, a Lei nº 13.303/2016 inaugurou o regime jurídico da empresa pública, da sociedade de economia mista e de suas subsidiárias, no âmbito da União, dos Estados, do Distrito Federal e dos Municípios, tratando de temas de gestão, governança, *compliance*, integridade, gestão de riscos e, também, licitações e contratos, o que eleva a responsabilidade do assessor jurídico das empresas estatais, pois o espectro de análise jurídica é muito mais amplificado do que era na Lei nº 8.666/1993 e é atualmente na Lei nº 14.133/2021, legislações que versam exclusivamente sobre contratação pública.

Ainda que, como visto linhas atrás, a Lei nº 13.303/2016 nada tenha regulado sobre a assessoria jurídica, deve ser considerado que a atuação do jurídico, em última *ratio*, tem previsão no art. 9º, inciso II, da Lei das Estatais, que determina que as estatais adotarão regras de estruturas e práticas de gestão de riscos e controle interno que abranjam área responsável pela verificação de cumprimento de obrigações, *in casu*, o órgão de assessoramento jurídico. A par dessa macro competência, trataremos doravante de algumas das novas atribuições da assessoria jurídica das empresas estatais.

A Lei das Estatais introduziu princípios de governança que visam à eficiência e à transparência, reforçando a necessidade de processos robustos de tomada de decisão, pois, considerando a complexidade e a visibilidade das empresas estatais medidas para prevenir fraudes, corrupção e conflitos de interesse, deve ser sempre a tônica na tomada de decisões. Portanto, a atuação técnica e estratégica da assessoria jurídica ajuda a estabelecer um ambiente de governança confiável, essencial para a sustentabilidade dessas organizações, sendo sua atuação imprescindível para orientar os gestores em decisões administrativas que respeitem a discricionariedade legalmente permitida, mas que estejam sempre dentro dos parâmetros legais e éticos.

Com a crescente exigência por transparência e governança eficaz, esse papel vai além da tradicional função consultiva de atestar uma conformidade meramente dentro dos parâmetros da legalidade. Passa a se tornar essencial na proteção da organização contra riscos legais, reputacionais, financeiros e de gestão, considerando que todos esses temas são tratados na Lei nº 13.303/2016 e o jurídico não está adstrito apenas à atuação de processos que envolvam contratação pública, muito embora grande parte da atuação do consultivo seja nessa matéria.

Especialmente no que tange às licitações e contratos, sem a pretensão de esgotar as competências da assessoria jurídica, podemos destacar algumas funções essenciais ao setor jurídico, conforme se segue.

A atuação preventiva pode ser capitaneada pelo jurídico na identificação, análise e mitigação de riscos, colaborando com outras áreas para construir procedimento sem vícios dessa natureza. Essa atuação inclui o auxílio na elaboração e revisão de editais, contratos e demais documentos que integram o procedimento licitatório, visando identificar potenciais vulnerabilidades legais/normativas (inclusive internas) e a proposição de cláusulas e salvaguardas que protejam a empresa estatal de passivos e controvérsias jurídicas.

No combate a fraudes e à corrupção, o jurídico pode orientar a adoção de práticas de *due diligence* em suas contratações, exigência de programas de integridade por parte de licitantes e/ou contratadas, ou, também, auxiliar na modelagem do planejamento da contratação de acordo com as melhores e mais atuais práticas de governança pública e corporativa, além de práticas empresariais do ramo privado com quem se deseja contratar, todas medidas que devem estar alinhavadas e aprovadas no planejamento da empresa pública e sociedade de economia mista.

A assessoria jurídica também é responsável por monitorar a aplicação das sanções administrativas previstas pela Lei das Estatais e outras normativas aplicáveis, ajudando a estabelecer uma cultura de cumprimento das obrigações assumidas e responsabilização em casos de inexecução alinhada com os arts. 82 a 84 da Lei nº 13.303/2016, artigos que falam de maneira muito ligeira sobre as sanções administrativas e procedimento sancionador.

Por fim, ainda sob a ótica da contratação pública, a Lei das Estatais trouxe uma série de inovações que também compõem a atribuição jurídica, sendo de sua competência orientar as novas ferramentas visando eficiência, como a contratação sem licitação para cumprimento do objeto social, o descabimento de licitação para os casos de celebração de parceria/oportunidade de negócio, previstos no art. 28 §3º, incisos I e II, respectivamente, e dos elementos que compõem hoje a pauta ESG — Environmental, Social and Governance (ASG — Ambiental, Social e Governança) e que também estão previstos na Lei nº 13.303/2016, a exemplo da obrigatoriedade de utilização de produtos, equipamentos e serviços que, comprovadamente, reduzam o consumo de energia e de recursos naturais (art. 32, §1º, III), do dever de adotar práticas de responsabilidade social corporativa compatíveis com o mercado em que atuam (art. 27, §2º) e da necessidade de que as demandas estejam alinhadas com o planejamento estratégico (art. 23, §1º, I e II).

A LINDB como ferramenta à disposição da assessoria jurídica das estatais

As novas competências da assessoria jurídica das empresas estatais aliadas à ausência de previsão legal com normas internas com más regulamentações sobre o assunto trazem insegurança para a atuação do setor jurídico da estatal, que precisa atuar diligentemente em um ambiente regulado tanto por legislações específicas, como a Lei das Estatais, quanto por normas gerais aplicáveis ao setor público, e orientações dos órgãos de controle, o que exige que o jurídico não apenas domine um vasto conjunto de normas, mas que também saibam harmonizá-las para garantir a eficácia das práticas institucionais.

Uma grande ferramenta à disposição da assessoria jurídica é a Lei nº 13.655/2018, legislação fundamental para assegurar a segurança jurídica e a eficiência nas práticas administrativas/gestão e licitatórias/contratuais nas empresas estatais, sob o aspecto da manifestação jurídica.

Muitas vezes diante de regulamentos internos que reproduzem textos de legislações ultrapassadas ou que não refletem o contexto da Lei nº 13.303/2016 como ferramenta para fortalecer a segurança jurídica e para mitigar os riscos de responsabilização dos pareceristas, a LINDB surge nesse cenário de incerteza ao assessor jurídico das empresas estatais,

A Lei nº 13.655/2018 introduziu dez artigos ao Decreto-lei nº 4.657/1942 (LINDB), porém analisaremos apenas aqueles que apresentem conteúdo que faça intersecção com a prática dos atos administrativos emanados pela assessoria jurídica das empresas estatais, quais sejam, arts. 20, 22 e 30, como forma de resguardar a atuação da assessoria jurídica, servindo como mitigação do risco da responsabilização.

O art. 20[5] positivou o alcance dos conceitos jurídicos indeterminados quando impôs a vedação à emissão de decisão com base em valores jurídicos abstratos, buscando afastar a incidência de normas jurídicas indeterminadas, as quais podem admitir diversas hipóteses interpretativas e, portanto, mais de uma solução. Com isso, impõe-se o dever de motivações a partir de elementos idôneos coligidos no processo administrativo e levando-se em conta as consequências práticas de sua decisão.[6]

Como bem pontuado por Justen Filho (2018), a proliferação de normas principiológicas acarreta a elevação do grau de indeterminação jurídica. A generalidade e a abundância de princípios geram incerteza quanto à solução apropriada para uma situação concreta. Mais precisamente, a multiplicidade de princípios dá oportunidade à multiplicidade de soluções decisórias.

Assim, a finalidade do art. 20 foi reduzir o subjetivismo com a obrigatoriedade de análise do caso concreto, tal como a avaliação das diversas alternativas sob um prisma de proporcionalidade e adequação: todas as possibilidades juridicamente válidas devem ser consideradas e apresentadas na manifestação consultiva.

Deve ser assinalado que o artigo não veda – e nem poderia vedar – a utilização dos valores abstratos ou conceitos jurídicos indeterminados no âmbito da elaboração do parecer jurídico, mas determina que, na realidade fática, seja analisada a concretização das circunstâncias no caso concreto, pois a LINDB buscou mitigar a força normativa dos princípios:

> A previsão dos efeitos práticos da decisão é indispensável para determinar a compatibilidade da escolha realizada com o valor abstrato invocado. Como observado, o valor em sua dimensão abstrata comporta uma pluralidade de significados e compreende decorrências variadas. O processo de concretização do valor envolve não apenas a escolha de um dente esses diversos significados, mas também exige a ponderação quanto ao resultado prático que será produzido pela decisão adotada (JUSTEN FILHO, 2018).

---

[5] Art. 20. Nas esferas administrativa, controladora e judicial, não se decidirá com base em valores jurídicos abstratos sem que sejam consideradas as consequências práticas da decisão. Parágrafo único. A motivação demonstrará a necessidade e a adequação da medida imposta ou da invalidação de ato, contrato, ajuste, processo ou norma administrativa, inclusive em face das possíveis alternativas.

[6] Resposta aos comentários tecidos pela Consultoria Jurídica do TCU ao PL nº 7.448/2017. Disponível em: https://www.conjur.com.br/dl/parecer-juristas-rebatem-criticas.pdf.

O parágrafo único do art. 20 ainda impõe o dever de motivação a partir da comprovação de necessidade e adequação, que nada mais é do que a juridicidade do valor abstrato conhecido como princípio da proporcionalidade.

O que o art. 20 ensina ao parecerista é que deve haver a busca por uma linguagem clara, considerando os fatos postos à análise, devendo a manifestação afastar-se de conceitos abertos e indeterminados. A utilização de uma linguagem acessível no parecer jurídico é essencial para garantir a comunicação eficaz e facilitar a tomada de decisão, prevenindo ambiguidades e mal-entendidos que possam comprometer a eficiência dos processos.

Nesse contexto, a clareza e a objetividade são características indispensáveis: a clareza se refere à precisão e à ausência de ambiguidade no texto, enquanto a objetividade visa concentrar a análise nos pontos fundamentais, evitando digressões que não agreguem ao entendimento jurídico.

O parecer jurídico deve, assim, abranger todos os elementos essenciais à matéria objeto da consulta, assegurando que o processo atenda a todas as exigências legais e regulamentares. Ao apresentar sua manifestação, o assessor jurídico precisa expor de forma transparente os pressupostos de fato e de direito considerados na análise. Os pressupostos de fato dizem respeito às circunstâncias específicas do caso, enquanto os pressupostos de direito incluem as disposições legais, as correntes doutrinárias e a jurisprudência aplicáveis. Essa exposição é fundamental para a transparência do parecer, pois permite que os gestores compreendam o raciocínio jurídico que embasa as conclusões e orientações fornecidas. Dessa forma, o parecer torna-se não apenas uma peça técnica, mas também um guia confiável para decisões embasadas e seguras.

Por seu turno, o art. 22[7] é destinado à interpretação das normas referentes à gestão pública, impondo que se considere — quando do controle do ato administrativo — não apenas a literalidade das regras que o administrador tenha eventualmente violado, mas também as dificuldades práticas que ele enfrentou e que possam justificar esse descumprimento.

As condicionantes envolvem considerar (i) os obstáculos e a realidade fática do gestor, (ii) as políticas públicas acaso existentes e

---

[7] Art. 22. Na interpretação de normas sobre gestão pública, serão considerados os obstáculos e as dificuldades reais do gestor e as exigências das políticas públicas a seu cargo, sem prejuízo dos direitos dos administrados.

(iii) o direito dos administrados envolvidos. Exige-se, portanto, um ônus argumentativo de competência do controlador, que deve levar em consideração, antes da aplicação de qualquer sanção e/ou decisão impositiva, os obstáculos e as dificuldades reais do gestor público, bem como as exigências das políticas públicas que estão sendo desenvolvidas, dado que controladores deram andamento a processos sancionadores com base em suas próprias convicções e juízos, de acordo com Marques Neto e Freitas (2019, p. 57).

Para Eduardo Jordão (2018, p. 73),

> A mais direta e evidente consequência da previsão legislativa é a necessidade do controlador se envolver em um diálogo com o gestor [...] precisa atentar para as dificuldades por ele vivenciadas. Caso as dificuldades não tenham sido explicitadas na motivação do ato — ou caso se trate de controle de uma suposta omissão —, caberia ao controlador requerê-las do gestor, para fins de aplicar adequadamente o controle.[8]

Em entrelaço com a atividade do assessor jurídico em empresas estatais, a análise dos pressupostos de fato e de direito referidos perfaz, na atuação jurídica, a ponderação das dificuldades jurídicas e práticas para a emissão da manifestação nos termos que fora posta, considerando, inclusive o cenário que terá o gestor para emitir sua decisão baseada no parecer jurídico apresentado.

Quanto maior for a clareza na exposição dos pressupostos de fato e de direito, mais a possibilidade de responsabilização do parecerista será afastada, na análise das dificuldades do caso concreto, o que contribui significativamente para a transparência e a legitimidade do processo analisado, permitindo que os gestores públicos e demais envolvidos na demanda compreendam o raciocínio jurídico por trás das conclusões e recomendações do parecer, facilitando a adoção de medidas que estejam em conformidade com a legalidade e com os princípios da administração pública.

Por fim, a intenção do legislador em dotar a Administração Pública de mais segurança jurídica, afastando o controle da discricionariedade na edição de atos administrativos, é confirmada com o artigo 30[9] da Lei

---

[8] Art. 22 da LINDB. Acabou o romance: reforço do pragmatismo no direito público brasileiro. *Rev. Direito Adm.*, Rio de Janeiro, Edição Especial: Direito Público na Lei de Introdução às Normas de Direito Brasileiro – LINDB (Lei nº 13.655/2018), p. 63-92, nov. 2018. Disponível em: http://bibliotecadigital.fgv.br/ojs/index.php/rda/article/view/77650.

[9] Art. 30. As autoridades públicas devem atuar para aumentar a segurança jurídica na aplicação das normas, inclusive por meio de regulamentos, súmulas administrativas e respostas

nº 13.655/2018, que previu a possibilidade de edição de regulamentos ou súmulas administrativas que determinem uma interpretação específica, diminuindo a insegurança jurídica e afastando o controle externo em assuntos que são ínsitos à Administração.

Para Moreira e Pereira (2018, p. 247), o artigo em apreço

> [...] diz respeito ao *dever de instauração da segurança jurídica* por meio do aperfeiçoamento do desenho institucional da ordem normativa. Dever público normativamente atribuído, de modo imediato, primário e vinculante, pela própria LINDB, a todas as autoridades públicas que profiram decisões e manejem casos de Direito Público.[10]

A prática de seguir precedentes referenciada no art. 30 apresenta-se como princípio central no processo de tomada de decisão, tendo por objetivo a tutela dos valores da racionalidade, da imparcialidade e da igualdade formal no momento da reconstrução da decisão e, consequentemente, em harmonia com os arts. 20 e 22 já tratados, busca eliminar a alegação de utilização reiterada de conceitos jurídicos indeterminados ou valores jurídicos abstratos para decidir, bem como impõe, com os precedentes, uma segurança jurídica interna ao próprio jurídico, evitando pareceres com manifestações díspares e, muitas vezes, contraditórias.

Sobre a necessidade de um jurídico com entendimentos alinhados com os precedentes, Dotti (2018, p. 127/128) chama à reflexão:

> [...] é inconcebível que cada licitação ou contratação direta seja subordinada a padrões hermenêuticos distintos, muitas vezes provenientes de orientações produzidas por um mesmo órgão de assessoramento jurídico. Os agentes públicos atuantes em processos de licitação e contratação, não raro, deparam-se com orientações paradoxais, em que coexistem dois ou até mais universos jurídicos distintos, cada qual com suas regras próprias.
> É bem verdade que o Direito não é uma ciência exata, e há questões que admitem mais de uma resposta, que se deve alicerçar em dispositivos normativos (o raciocínio jurídico é tributário do positivismo normativo), na consulta à jurisprudência atualizada (a referência aos julgados dos tribunais judiciais e de contas fornece apoio aos argumentos da

---

a consultas. Parágrafo único. Os instrumentos previstos no caput deste artigo terão caráter vinculante em relação ao órgão ou entidade a que se destinam, até ulterior revisão.

[10] Art. 30 da LINDB O dever público de incrementar a segurança jurídica. *Rev. Direito Adm.*, Rio de Janeiro, Edição Especial: Direito Público na Lei de Introdução às Normas de Direito Brasileiro – LINDB (Lei nº 13.655/2018), p. 243-274, nov. 2018. Disponível em: http://bibliotecadigital.fgv.br/ojs/index.php/rda/article/view/77657.

manifestação jurídica) e nas considerações da doutrina (o suporte doutrinário consagrado advém da opinião dos autores que compõem o padrão médio de consultas sobre determinado tema). De outro lado, porém, os gestores assessorados por seus órgãos jurídicos não podem ficar a mercê de entendimentos paradoxais sobre um mesmo assunto. Isso gera instabilidade em suas ações e o rompimento da segurança jurídica, acarretando efeitos muitas vezes insuperáveis.

Por meio do art. 30, torna-se patente o dever de incrementar a segurança jurídica por meio de atos regulamentares, formalizando a estabilidade e a confiança tão valiosas para o Estado de Direito. Com efeito, celebra-se e impõe-se uma assessoria jurídica autovinculante, em verdadeira proibição ao *venire contra factum proprium*, o que pode ser levado a cabo pela assessoria jurídica mediante parecer normativo, parecer referencial, orientações/instruções normativas específicas ou, ainda, súmulas de alcance interno e jurídico.

A padronização, de documentos ou de entendimentos, além da desejada segurança jurídica na tomada de decisão, ainda fortalece a atividade da assessoria jurídica, diminuindo a margem discricionária, trazendo unidade e afastando a responsabilização na emissão do parecer jurídico, além de ser prática que encontra guarida na Lei nº 13.303/2016, art. 32, I.

Conclusão

A atuação da assessoria jurídica nas empresas estatais evidencia um papel crucial e multifacetado do assessor jurídico. Ainda que a Lei nº 13.303/2016 não detalhe a atuação do jurídico, é inegável sua importância como pilar de segurança jurídica, governança e integridade, especialmente em processos licitatórios e contratuais, além de atuar como instância de interpretação e adoção das inovações trazidas pela Lei das Estatais. A ausência de regulamentação específica quanto à obrigatoriedade de pareceres jurídicos exige das estatais a adoção de normativas internas que clarifiquem as funções do jurídico, adaptando-as às particularidades institucionais e às exigências de eficiência e transparência.

Assim, a Lei de Introdução às Normas do Direito Brasileiro — LINDB surge como instrumento indispensável para a mitigação de riscos e a padronização de procedimentos, fortalecendo a juridicidade e assegurando que as manifestações jurídicas sejam fundamentadas, proporcionais e observem a estabilidade de posicionamentos para assuntos semelhantes.

Esse cenário reforça a necessidade de uma assessoria jurídica ativa, que não apenas busque a conformidade legal, mas também se firme como um elemento estratégico no desenvolvimento de uma gestão pública moderna e ética, alinhada aos princípios da administração pública e às demandas contemporâneas de governança.

Referências

BARCELOS, Dawison; TORRES, Ronny Charles Lopes de. *Licitações e Contratos nas Empresas Estatais*. Regime Licitatório e contratual da Lei 13.303/2016. 4. ed. rev., atual. e ampl. São Paulo: Juspodivm, 2024.

BITTENCOURT, Sidney. *A nova Lei das Estatais*: novo Regime de Licitações e Contratos nas Empresa Estatais. Leme: JH Mizuno, 2017.

DOTTI, Marinês Restelatto. *Governança nas Contratações Públicas*. Aplicação efetiva de diretrizes, responsabilidade e transparência. Inter-relação com o direito fundamental à boa administração e o combate à corrupção. Belo Horizonte: Fórum, 2018.

JORDÃO, Eduardo. Art. 22 da LINDB. Acabou o romance: reforço do pragmatismo no direito público brasileiro. *Rev. Direito Adm.*, Rio de Janeiro, Edição Especial: Direito Público na Lei de Introdução às Normas de Direito Brasileiro – LINDB (Lei nº 13.655/2018), p. 63-92, nov. 2018. Disponível em: http://bibliotecadigital.fgv.br/ojs/index.php/rda/article/view/77650.

JUSTEN FILHO, Marçal. Art. 20 da LINDB. Dever de transparência, concretude e proporcionalidade nas decisões públicas. *Rev. Direito Adm.*, Rio de Janeiro, Edição Especial: Direito Público na Lei de Introdução às Normas de Direito Brasileiro – LINDB (Lei nº 13.655/2018), p. 13-41, nov. 2018. Disponível em: http://bibliotecadigital.fgv.br/ojs/index.php/rda/article/view/77648/74311.

MARQUES NETO, Floriano de Azevedo; FREITAS, Rafael Véras de. *Comentários à Lei nº 13.655/2018* (Lei da Segurança para a Inovação Pública). Belo Horizonte: Fórum, 2019.

MOREIRA, Egon Bockmann; PEREIRA, Paula Pessoa. Art. 30 da LINDB O dever público de incrementar a segurança jurídica. *Rev. Direito Adm.*, Rio de Janeiro, Edição Especial: Direito Público na Lei de Introdução às Normas de Direito Brasileiro – LINDB (Lei nº 13.655/2018), p. 243-274, nov. 2018. Disponível em: http://bibliotecadigital.fgv.br/ojs/index.php/rda/article/view/77657.

NIEBUHR, Joel de Menezes; NIEBUHR, Pedro de Menezes. *Licitações e Contratos das Estatais*. Belo Horizonte: Fórum, 2018.

Informação bibliográfica deste livro, conforme a NBR 6023:2018 da Associação Brasileira de Normas Técnicas (ABNT):

BRAGAGNOLI, Renila. A assessoria jurídica nas empresas estatais sob a perspectiva da Lei nº 13.303/16: a ausência de previsão legal, as novas competências e a LINDB como ferramenta de segurança jurídica. *In*: FORTINI, Cristiana; SCHWIND, Rafael Wallbach; BRAGAGNOLI, Renila; VIEIRA, Virginia Kirchmeyer (coord.). *Empresas estatais*: análise de decisões judiciais e do controle externo. Belo Horizonte: Fórum, 2025. p. 117-130. ISBN 978-65-5518-977-3.

QUEM PODE ACESSAR O SIGILO EMPRESARIAL DAS ESTATAIS? ANÁLISE DE DOIS JULGADOS DO SUPREMO TRIBUNAL FEDERAL NA INTERPRETAÇÃO DA LEI Nº 13.303/16

VERA MONTEIRO

HENRIQUE MOTTA PINTO

1 Para começar

No cotidiano das suas atividades empresariais e na gestão corporativa, as empresas estatais produzem, recebem, administram e manejam informações sigilosas. Documentos de planejamento estratégico nos mercados em que atuam, carteiras de clientes, listas de potenciais novos clientes visados, planos de expansão em novos mercados, estudos de posicionamento quanto às novidades e tendências nos setores que integram, diagnósticos de falhas operacionais, auditorias internas, consultorias estratégicas, avaliações de gestão em recursos humanos, elementos para o planejamento de licitações, como os termos de referência e os valores estimados das contratações, denúncias internas e apresentadas por terceiros ao sistema de *compliance*, dados pessoais, segredos de indústria; esses são apenas alguns exemplos de manifestações do *sigilo empresarial das estatais*, que pode ser considerado como o conjunto das informações e dados resguardados por alguma das manifestações de sigilo estratégico, comercial, industrial e bancário, referidas pela Lei nº 13.303/16, a Lei das Estatais.

A existência do sigilo empresarial convive com a natureza estatal das empresas públicas e das sociedades de economia mista. Ainda que a publicidade seja um princípio retor da administração pública indireta, previsto no *caput* do artigo 37 da Constituição Federal, há dados e informações que são de acesso restrito às próprias empresas estatais e, mesmo dentro delas, a determinadas instâncias de sua governança corporativa.[1]

Nesse sentido, as deliberações do Conselho de Administração ou as atividades do Comitê de Auditoria Estatutário são de acesso restrito a estes ambientes corporativos, o que é compreensível diante da sensibilidade de que se revestem, como se percebe diante do teor do artigo 142 da Lei nº 6.404/76, a Lei das Sociedades Anônimas, e dos artigos 18 e 24 da Lei das Estatais.[2][3][4]

---

[1] Constituição Federal: "Art. 37. A administração pública direta e indireta de qualquer dos Poderes da União, dos Estados, do Distrito Federal e dos Municípios obedecerá aos princípios de legalidade, impessoalidade, moralidade, publicidade e eficiência e, também, ao seguinte: (...)".

[2] Lei nº 6.404/76: "Art. 142. Compete ao conselho de administração:
I - fixar a orientação geral dos negócios da companhia;
II - eleger e destituir os diretores da companhia e fixar-lhes as atribuições, observado o que a respeito dispuser o estatuto;
III - fiscalizar a gestão dos diretores, examinar, a qualquer tempo, os livros e papéis da companhia, solicitar informações sobre contratos celebrados ou em via de celebração, e quaisquer outros atos;
IV - convocar a assembleia-geral quando julgar conveniente, ou no caso do artigo 132;
V - manifestar-se sobre o relatório da administração e as contas da diretoria;
VI - manifestar-se previamente sobre atos ou contratos, quando o estatuto assim o exigir;
VII - deliberar, quando autorizado pelo estatuto, sobre a emissão de ações ou de bônus de subscrição;
VIII - autorizar, se o estatuto não dispuser em contrário, a alienação de bens do ativo não circulante, a constituição de ônus reais e a prestação de garantias a obrigações de terceiros;
IX - escolher e destituir os auditores independentes, se houver.
§1º Serão arquivadas no registro do comércio e publicadas as atas das reuniões do conselho de administração que contiverem deliberação destinada a produzir efeitos perante terceiros.
§2º A escolha e a destituição do auditor independente ficará sujeita a veto, devidamente fundamentado, dos conselheiros eleitos na forma do art. 141, §4º, se houver".

[3] Lei nº 13.303/16: "Art. 18. Sem prejuízo das competências previstas no art. 142 da Lei nº 6.404, de 15 de dezembro de 1976, e das demais atribuições previstas nesta Lei, compete ao Conselho de Administração:
I - discutir, aprovar e monitorar decisões envolvendo práticas de governança corporativa, relacionamento com partes interessadas, política de gestão de pessoas e código de conduta dos agentes;
II - implementar e supervisionar os sistemas de gestão de riscos e de controle interno estabelecidos para a prevenção e mitigação dos principais riscos a que está exposta a empresa pública ou a sociedade de economia mista, inclusive os riscos relacionados à integridade das informações contábeis e financeiras e os relacionados à ocorrência de corrupção e fraude;
III - estabelecer política de porta-vozes visando a eliminar risco de contradição entre informações de diversas áreas e as dos executivos da empresa pública ou da sociedade de economia mista;

IV - avaliar os diretores da empresa pública ou da sociedade de economia mista, nos termos do inciso III do art. 13, podendo contar com apoio metodológico e procedimental do comitê estatutário referido no art. 10".

[4] Lei nº 13.303/16: "Art. 24. A empresa pública e a sociedade de economia mista deverão possuir em sua estrutura societária Comitê de Auditoria Estatutário como órgão auxiliar do Conselho de Administração, ao qual se reportará diretamente.
§1º Competirá ao Comitê de Auditoria Estatutário, sem prejuízo de outras competências previstas no estatuto da empresa pública ou da sociedade de economia mista:
I - opinar sobre a contratação e destituição de auditor independente;
II - supervisionar as atividades dos auditores independentes, avaliando sua independência, a qualidade dos serviços prestados e a adequação de tais serviços às necessidades da empresa pública ou da sociedade de economia mista;
III - supervisionar as atividades desenvolvidas nas áreas de controle interno, de auditoria interna e de elaboração das demonstrações financeiras da empresa pública ou da sociedade de economia mista;
IV - monitorar a qualidade e a integridade dos mecanismos de controle interno, das demonstrações financeiras e das informações e medições divulgadas pela empresa pública ou pela sociedade de economia mista;
V - avaliar e monitorar exposições de risco da empresa pública ou da sociedade de economia mista, podendo requerer, entre outras, informações detalhadas sobre políticas e procedimentos referentes a:
a) remuneração da administração;
b) utilização de ativos da empresa pública ou da sociedade de economia mista;
c) gastos incorridos em nome da empresa pública ou da sociedade de economia mista;
VI - avaliar e monitorar, em conjunto com a administração e a área de auditoria interna, a adequação das transações com partes relacionadas;
VII - elaborar relatório anual com informações sobre as atividades, os resultados, as conclusões e as recomendações do Comitê de Auditoria Estatutário, registrando, se houver, as divergências significativas entre administração, auditoria independente e Comitê de Auditoria Estatutário em relação às demonstrações financeiras;
VIII - avaliar a razoabilidade dos parâmetros em que se fundamentam os cálculos atuariais, bem como o resultado atuarial dos planos de benefícios mantidos pelo fundo de pensão, quando a empresa pública ou a sociedade de economia mista for patrocinadora de entidade fechada de previdência complementar.
§2º O Comitê de Auditoria Estatutário deverá possuir meios para receber denúncias, inclusive sigilosas, internas e externas à empresa pública ou à sociedade de economia mista, em matérias relacionadas ao escopo de suas atividades.
§3º O Comitê de Auditoria Estatutário deverá se reunir quando necessário, no mínimo bimestralmente, de modo que as informações contábeis sejam sempre apreciadas antes de sua divulgação.
§4º A empresa pública e a sociedade de economia mista deverão divulgar as atas das reuniões do Comitê de Auditoria Estatutário.
§5º Caso o Conselho de Administração considere que a divulgação da ata possa pôr em risco interesse legítimo da empresa pública ou da sociedade de economia mista, a empresa pública ou a sociedade de economia mista divulgará apenas o extrato das atas.
§6º A restrição prevista no §5º não será oponível aos órgãos de controle, que terão total e irrestrito acesso ao conteúdo das atas do Comitê de Auditoria Estatutário, observada a transferência de sigilo.
§7º O Comitê de Auditoria Estatutário deverá possuir autonomia operacional e dotação orçamentária, anual ou por projeto, dentro de limites aprovados pelo Conselho de Administração, para conduzir ou determinar a realização de consultas, avaliações e investigações dentro do escopo de suas atividades, inclusive com a contratação e utilização de especialistas externos independentes".

Um mesmo documento pode conter uma versão pública e outra de acesso restrito, com informações sensíveis, ou cuja integralidade não seja "publicizável". Assim, por exemplo, se o *plano de negócios* e a *estratégia de longo prazo* das empresas estatais são de conhecimento público, orientando a atuação do Conselho de Administração e da Diretoria, com resultados reportados ao Poder Legislativo, as informações de natureza estratégica cuja divulgação seja prejudicial ao interesse da sociedade de economia mista e da empresa pública não o são (artigo 23, §§1º a 3º, da Lei nº 13.303/16).[5]

Para a separação entre o que é ou não dada publicidade, as empresas estatais promovem a classificação do grau de sigilo dos documentos e informações, nos termos da Lei nº 12.527/11, a Lei de Acesso à Informação. Essa atividade tem por finalidade proteger os direitos dos titulares das informações de acesso restrito, inclusive as próprias empresas estatais. Assim é que a sua divulgação indevida, que cause dano às empresas públicas, às sociedades de economia mista e aos seus acionistas, constitui hipótese de responsabilização do servidor a que der causa, inclusive na atividade de controle externo da administração pública (artigo 86, §4º, da Lei das Estatais).[6]

---

[5] Lei nº 13.303/16: "Art. 23. É condição para investidura em cargo de diretoria da empresa pública e da sociedade de economia mista a assunção de compromisso com metas e resultados específicos a serem alcançados, que deverá ser aprovado pelo Conselho de Administração, a quem incumbe fiscalizar seu cumprimento.
§1º Sem prejuízo do disposto no *caput*, a diretoria deverá apresentar, até a última reunião ordinária do Conselho de Administração do ano anterior, a quem compete sua aprovação:
I - plano de negócios para o exercício anual seguinte;
II - estratégia de longo prazo atualizada com análise de riscos e oportunidades para, no mínimo, os próximos 5 (cinco) anos.
§2º Compete ao Conselho de Administração, sob pena de seus integrantes responderem por omissão, promover anualmente análise de atendimento das metas e resultados na execução do plano de negócios e da estratégia de longo prazo, devendo publicar suas conclusões e informá-las ao Congresso Nacional, às Assembleias Legislativas, à Câmara Legislativa do Distrito Federal ou às Câmaras Municipais e aos respectivos tribunais de contas, quando houver.
§3º Excluem-se da obrigação de publicação a que se refere o §2º as informações de natureza estratégica cuja divulgação possa ser comprovadamente prejudicial ao interesse da empresa pública ou da sociedade de economia mista".

[6] Lei nº 13.303/16: "Art. 86. As informações das empresas públicas e das sociedades de economia mista relativas a licitações e contratos, inclusive aqueles referentes a bases de preços, constarão de bancos de dados eletrônicos atualizados e com acesso em tempo real aos órgãos de controle competentes.
(...) §4º As informações que sejam revestidas de sigilo bancário, estratégico, comercial ou industrial serão assim identificadas, respondendo o servidor administrativa, civil e penalmente pelos danos causados à empresa pública ou à sociedade de economia mista e a seus acionistas em razão de eventual divulgação indevida.
§5º Os critérios para a definição do que deve ser considerado sigilo estratégico, comercial ou industrial serão estabelecidos em regulamento".

Nesse contexto, importa saber quem pode acessar o sigilo empresarial das estatais e as condições e limites para fazê-lo. Estando as empresas estatais sujeitas à Lei de Acesso à Informação (artigo 1º, parágrafo único, II), ela pode ser manejada para o acesso do público às informações integrantes do sigilo empresarial das estatais?[7] E quanto aos Tribunais de Contas, o sigilo empresarial das empresas estatais pode ser a eles oposto, no exercício da atividade de controle externo?

Essas questões foram respondidas em dois julgados do Supremo Tribunal Federal, nos quais foram suscitadas normas da Lei das Estatais sobre o sigilo empresarial das estatais. Neles, já é possível perceber algumas tendências de julgamento na Corte, sendo representativos do atual momento da jurisprudência do STF.

2 Comentários a dois julgados do Supremo Tribunal Federal sobre a Lei das Estatais

A. O sigilo empresarial das estatais não é oponível ao controle externo dos Tribunais de Contas

Em 2019, a Primeira Turma do Supremo Tribunal Federal negou provimento ao Agravo Regimental no Mandado de Segurança 23.168/DF, impetrado pelo Banco do Brasil – BB contra Decisões do Plenário do Tribunal de Contas da União — TCU que requisitaram cópias de trabalhos de auditoria interna, realizados em agência bancária situada em Santiago, no Chile, e em Porto Alegre, Santa Maria e Passo Fundo.[8]

No exercício de competência originária para apreciação da legalidade dos atos do TCU (artigo 102, I, "d", da Constituição Federal), o STF julgou que não estavam em questão o sigilo bancário e os dados pessoais de correntistas, mas somente o sigilo empresarial do BB, que, como sociedade de economia mista integrante da administração pública federal indireta, está sujeita ao controle operacional pelo TCU. Assim, a

---

[7] Lei nº 12.527/11: "Art. 1º Esta Lei dispõe sobre os procedimentos a serem observados pela União, Estados, Distrito Federal e Municípios, com o fim de garantir o acesso a informações previsto no inciso XXXIII do art. 5º, no inciso II do §3º do art. 37 e no §2º do art. 216 da Constituição Federal.
Parágrafo único. Subordinam-se ao regime desta Lei:
I - os órgãos públicos integrantes da administração direta dos Poderes Executivo, Legislativo, incluindo as Cortes de Contas, e Judiciário e do Ministério Público;
II - as autarquias, as fundações públicas, as empresas públicas, as sociedades de economia mista e demais entidades controladas direta ou indiretamente pela União, Estados, Distrito Federal e Municípios".

[8] Primeira Turma, Rel. Min. Rosa Weber, j. 28.06.2019.

Primeira Turma manteve decisão da Ministra Relatora Rosa Weber, que já havia denegado a segurança e revogado medida liminar previamente concedida em decisão monocrática de 13.5.2019.

O voto da Ministra Relatora Rosa Weber destacou que as pessoas jurídicas de direito privado integrantes da administração pública federal indireta estão sujeitas ao controle externo pelo TCU, como órgão de auxílio do Congresso Nacional para o controle e a fiscalização contábil, financeira, orçamentária, operacional e patrimonial, quanto à legalidade, legitimidade e economicidade dos atos do Poder Executivo (artigo 49, X c/c artigo 70, *caput*, da Constituição Federal).

Por estarem envolvidos documentos de auditoria interna do próprio BB requisitados pelo TCU, a Ministra Relatora suscitou no julgamento a norma constitucional pela qual o sistema de controle interno da administração pública tem a finalidade de apoiar o controle externo no exercício de sua missão institucional (artigo 74, IV, da Constituição Federal).

O STF decidiu que as informações protegidas pelo sigilo empresarial das empresas estatais federais devem ser compartilhadas com o TCU, destacando que se trata de dever legal constante dos artigos 85 a 88 da Lei das Estatais, dispositivos que dão efetividade às normas constitucionais que equiparam as empresas estatais às do setor privado e as que fixam competências de controle da administração pública.

Assim, mesmo reconhecendo a existência do sigilo empresarial, aplicável ao BB como sociedade de economia mista que concorre no mercado na exploração de atividade econômica, o acórdão julgou que ele não é oponível ao TCU "para o fim de eximir o ente da administração indireta de prestar contas e de entregar documentos requisitados pelo controle externo". Acrescentou que os agentes públicos do controle externo possuem o dever de guarda das informações sigilosas recebidas, o que viabiliza o compartilhamento dos dados cobertos por sigilo empresarial.

Por avaliar que a requisição de documentos não envolvia definição de políticas públicas nem ingerência no exercício de competências da sociedade de economia mista, o acórdão considerou a decisão do TCU válida em face da separação de poderes e do artigo 90 da Lei das Estatais. Também a definição dos documentos a serem apresentados ficou resguardada ao órgão de controle, o qual exigiu a entrega da íntegra dos relatórios de auditoria interna, e não somente de relatórios sintéticos.

O julgamento na Primeira Turma contou com o voto contrário do Ministro Marco Aurélio, o qual provia o agravo e deferia a segurança contra a decisão do TCU. Nos termos do voto vencido, a competência dos Tribunais de Contas teria "natureza exclusivamente fiscalizatória" e não englobaria a competência reservada ao Poder Judiciário de afastar os sigilos bancário e empresarial, em face do inciso XII do artigo 5º da Constituição Federal.

Tendo a Ministra Relatora Rosa Weber sido acompanhada pelos Ministros Alexandre de Moraes, Luís Roberto Barroso e Luiz Fux, o Agravo do BB foi conhecido e teve o provimento negado.

Com este julgamento, a Primeira Turma deu sequência à jurisprudência do STF pela qual a gestão das sociedades de economia mista está submetida ao controle externo do Poder Legislativo e dos Tribunais de Contas, bem como ao controle interno do Poder Executivo, em submissão à fiscalização contábil, financeira, orçamentária, operacional e patrimonial. Embora, em um primeiro momento, o STF tenha decidido que a competência dos tribunais de contas estava restrita apenas a quando houvesse prejuízo ao erário ou dinheiros, bens e valores públicos administrados por empresas estatais, em 2002, no julgamento dos Mandados de Segurança 23.627/DF[9] e 23.875/DF,[10] o Plenário concluiu que a sujeição ao controle externo viria do só fato de pertencerem à administração pública. Posteriormente, em 2005, no julgamento dos Mandados de Segurança 25.181/DF[11] e 25.092/DF,[12] o Plenário do STF afirmou a competência dos Tribunais de Contas para a fiscalização rotineira das empresas estatais, por serem entidades da administração pública indireta. Na ocasião, o STF condicionou e delimitou o exercício do controle externo à preservação do espaço de autonomia das estatais para definição de suas estratégias empresariais e para a implementação de políticas públicas, prescrevendo o controle judicial contra as interferências indevidas sobre a gestão das empresas estatais.[13]

O resultado destes julgamentos de 2005 do STF está refletido, desde 2016, nos artigos 85 a 90 da Lei das Estatais, os quais tratam da

---

[9] Plenário, Red. para o Acórdão Min. Nelson Jobim, j. 07.03.2002.
[10] Plenário, Red. para o Acórdão Min. Nelson Jobim, j. 07.03.2002.
[11] Plenário, Rel. Min. Marco Aurélio, j. 10.11.2005.
[12] Plenário, Rel. Min. Carlos Velloso, j. 10.11.2005.
[13] Os julgados foram analisados por Henrique Motta Pinto na dissertação de mestrado *Empresa estatal:* modelo jurídico em crise? (PUC-SP, 2010, p. 57 a 62; a íntegra está disponível em: https://repositorio.pucsp.br/jspui/handle/8969). No ponto, a pesquisa conclui que se trata "de um julgamento cuja consideração é necessária para a compreensão do sentido e do alcance das tarefas dos tribunais de contas na atividade de controle sobre as empresas estatais. A decisão do STF é especialmente relevante para sublinhar o fato de que importa, além da existência em si do controle externo, o *modo* pelo qual ocorre a fiscalização das empresas estatais, cujas características organizacionais são bastante diferenciadas daquelas das pessoas jurídicas de direito público" (*Id., ib.*, p. 62).

fiscalização destas entidades pelo Estado e pela sociedade. Da leitura conjunta de tais dispositivos legais é possível identificar que os órgãos de controle interno e externo da administração pública têm competência para fiscalizar as empresas estatais quanto à legitimidade, economicidade e eficácia na aplicação de seus recursos, nas perspectivas contábil, financeira, operacional e patrimonial, dispondo para tanto de acesso irrestrito às informações necessárias aos trabalhos de controle, inclusive as de sigilo empresarial, cuja manutenção os órgãos de controle são corresponsáveis (artigo 85, *caput* e §§1º e 2º da Lei das Estatais).[14] As informações quanto às licitações e contratos e os trabalhos da governança corporativa que venham a ser consideradas sigilosas conforme classificação das empresas estatais devem ser conhecidas pelos órgãos de controle, mediante acesso restrito e individualizado (artigo 86, *caput* e §§2º e 3º da Lei das Estatais).[15] Também a documentação contábil, financeira, orçamentária, patrimonial e operacional das empresas estatais relativa à execução contratual considerada de acesso restrito está sujeita ao exame dos Tribunais de Contas e dos órgãos de controle interno, podendo ser por eles requisitada a qualquer tempo (artigo 87, *caput* e §3º da Lei nº 13.303/16).[16] Nos termos da Lei das Estatais,

---

[14] Lei nº 13.303/16: "Art. 85. Os órgãos de controle externo e interno das 3 (três) esferas de governo fiscalizarão as empresas públicas e as sociedades de economia mista a elas relacionadas, inclusive aquelas domiciliadas no exterior, quanto à legitimidade, à economicidade e à eficácia da aplicação de seus recursos, sob o ponto de vista contábil, financeiro, operacional e patrimonial.
§1º Para a realização da atividade fiscalizatória de que trata o *caput*, os órgãos de controle deverão ter acesso irrestrito aos documentos e às informações necessários à realização dos trabalhos, inclusive aqueles classificados como sigilosos pela empresa pública ou pela sociedade de economia mista, nos termos da Lei nº 12.527, de 18 de novembro de 2011.
§2º O grau de confidencialidade será atribuído pelas empresas públicas e sociedades de economia mista no ato de entrega dos documentos e informações solicitados, tornando-se o órgão de controle com o qual foi compartilhada a informação sigilosa corresponsável pela manutenção do seu sigilo".

[15] Lei nº 13.303/16: "Art. 86. As informações das empresas públicas e das sociedades de economia mista relativas a licitações e contratos, inclusive aqueles referentes a bases de preços, constarão de bancos de dados eletrônicos atualizados e com acesso em tempo real aos órgãos de controle competentes. (...)
§2º As atas e demais expedientes oriundos de reuniões, ordinárias ou extraordinárias, dos conselhos de administração ou fiscal das empresas públicas e das sociedades de economia mista, inclusive gravações e filmagens, quando houver, deverão ser disponibilizados para os órgãos de controle sempre que solicitados, no âmbito dos trabalhos de auditoria.
§3º O acesso dos órgãos de controle às informações referidas no caput e no §2º será restrito e individualizado".

[16] Lei nº 13.303/16: "Art. 87. O controle das despesas decorrentes dos contratos e demais instrumentos regidos por esta Lei será feito pelos órgãos do sistema de controle interno e pelo tribunal de contas competente, na forma da legislação pertinente, ficando as empresas públicas e as sociedades de economia mista responsáveis pela demonstração da legalidade e da regularidade da despesa e da execução, nos termos da Constituição. (...)

a informação sobre a execução contratual das empresas estatais é de interesse público, sendo resguardadas da publicidade as informações de operações de perfil estratégico ou que envolvam segredo industrial, o que não é oponível à fiscalização pelos órgãos de controle interno e externo (artigo 88, §§1º e 2º, da Lei nº 13.303/16).[17] Por sua vez, a Lei das Estatais incorporou os limites que a jurisprudência do STF já havia desenhado para os órgãos de controle das empresas estatais, cujas ações e deliberações não podem implicar interferência na gestão, nem ingerência no exercício de suas atribuições, ou ainda na realização de políticas públicas (artigo 90 da Lei das Estatais).[18]

B. O acesso a informações das empresas estatais é regulado pela Lei das Estatais e, de forma apenas subsidiária, pela Lei de Acesso à Informação

Em 2020, o Supremo Tribunal Federal, em decisão monocrática do Min. Edson Fachin, negou provimento ao Recurso Extraordinário 1.245.879/DF, interposto pelo Instituto Brasileiro de Planejamento e Tributação – IBPT contra o Acórdão do Tribunal de Justiça do Distrito Federal e Territórios – TJDFT que julgou improcedente ação movida para ter acesso a informações do BB resguardadas por sigilo empresarial.[19]

O Relator Ministro Edson Fachin entendeu que a matéria era de natureza infraconstitucional e não viu razão para reavaliar o julgamento

---

§3º Os tribunais de contas e os órgãos integrantes do sistema de controle interno poderão solicitar para exame, a qualquer tempo, documentos de natureza contábil, financeira, orçamentária, patrimonial e operacional das empresas públicas, das sociedades de economia mista e de suas subsidiárias no Brasil e no exterior, obrigando-se, os jurisdicionados, à adoção das medidas corretivas pertinentes que, em função desse exame, lhes forem determinadas".

[17] Lei nº 13.303/16: "Art. 88. As empresas públicas e as sociedades de economia mista deverão disponibilizar para conhecimento público, por meio eletrônico, informação completa mensalmente atualizada sobre a execução de seus contratos e de seu orçamento, admitindo-se retardo de até 2 (dois) meses na divulgação das informações.
§1º A disponibilização de informações contratuais referentes a operações de perfil estratégico ou que tenham por objeto segredo industrial receberá proteção mínima necessária para lhes garantir confidencialidade.
§2º O disposto no §1º não será oponível à fiscalização dos órgãos de controle interno e do tribunal de contas, sem prejuízo da responsabilização administrativa, civil e penal do servidor que der causa à eventual divulgação dessas informações".

[18] Lei nº 13.303/16: "Art. 90. As ações e deliberações do órgão ou ente de controle não podem implicar interferência na gestão das empresas públicas e das sociedades de economia mista a ele submetidas nem ingerência no exercício de suas competências ou na definição de políticas públicas".

[19] Decisão monocrática do Min. Edson Fachin, j. 12.02.2020.

do TJDFT à luz dos artigos da Constituição Federal que estatuem o direito fundamental a receber dos órgãos públicos informações de seu interesse particular, ou de interesse coletivo ou geral (artigo 5º, XXXIII), que subordina a administração pública direta e indireta aos princípios da legalidade, impessoalidade, moralidade, publicidade e eficiência (artigo 37, *caput*), e que fixa as competências privativas do Poder Executivo na execução da lei (artigo 84, IV).

Assim, foi mantido o Acórdão do TJDFT que reformou a sentença para considerar que a Lei das Estatais prevalece na regulação de pedido de acesso a informação de dados pertencentes a sociedade de economia mista, como lei especial em relação à Lei de Acesso à Informação, cuja aplicação na hipótese é supletiva, no que não for incompatível com a Lei das Estatais. Na ocasião, o TJDFT ponderou que a Lei de Acesso à Informação não pode ser manejada para permitir o acesso do público a informações resguardadas pelo sigilo empresarial das sociedades de economia mista. Da mesma forma, o TJDFT julgou que não se confunde o dever das empresas estatais de disponibilizar informações aos órgãos estatais de controle com o acesso à informação por entidades da sociedade civil organizada, no caso uma associação de planejamento tributário interessada em conhecer dados de acesso restrito do BB.

É comum no cotidiano das empresas estatais brasileiras o recebimento de pedidos amplos de acesso à informação que, sob a aparência de exercício de um direito fundamental, na realidade, buscam identificar informações comercialmente sensíveis, invadir a esfera de gestão das estatais, obter dados não apenas brutos como tratados pelas estatais para terceiros, escondendo interesses próprios, inclusive contrários aos das estatais. Isso nada tem de promoção da cidadania, que é o vetor central da Lei de Acesso à Informação, mas apenas oportunismo não protegido pelo Direito.

Com o RE 1.245.879/DF, ao manter o Acórdão do TJDFT com suas próprias razões, o STF aceitou a solução infraconstitucional dada pelo Tribunal local de que empresas estatais podem filtrar pedidos fundados na Lei de Acesso à Informação e atender somente aqueles que não colidirem com o sigilo empresarial resguardado pela Lei das Estatais. Além disso, ao aceitar a Lei das Estatais como lei especial em relação à Lei de Acesso à Informação, o precedente também permitiu que o BB tivesse regime jurídico próprio prevalecente sobre o geral aplicável ao acesso à informação na administração pública federal.

3 Para concluir

Na apreciação de casos já durante a vigência da Lei das Estatais, o STF confirmou sua jurisprudência anterior no sentido de que empresas estatais estão sujeitas à fiscalização permanente pelos órgãos de controle interno e externo da administração pública, os quais devem acesso às informações que integram o sigilo empresarial destas entidades. Dessa forma, mesmo reconhecendo a existência de um espaço que não é acessível ao público, a Primeira Turma decidiu, ao julgar o MS-AgR 23.168/DF, que o sigilo empresarial do Banco do Brasil na realização de auditorias internas não é oponível ao Tribunal de Contas da União, como órgão de controle externo da administração pública federal.

Em outra oportunidade, o reconhecimento de um espaço de sigilo empresarial das estatais preservou o mesmo Banco do Brasil de fornecer informações comercialmente sensíveis a certa associação de planejamento tributário, que contra ele manejou a Lei de Acesso à Informação. No julgamento monocrático do RE 1.245.879/DF pelo Min. Edson Fachin, foi mantida a decisão do TJDFT pela qual a Lei das Estatais foi considerada como especial em relação à Lei de Acesso à Informação, o que resguardou o Banco do Brasil de expor para terceiro dados de acesso restrito ao próprio banco estatal.

Informação bibliográfica deste livro, conforme a NBR 6023:2018 da Associação Brasileira de Normas Técnicas (ABNT):

MONTEIRO, Vera; PINTO, Henrique Motta. Quem pode acessar o sigilo empresarial das estatais? Análise de dois julgados do Supremo Tribunal Federal na interpretação da Lei nº 13.303/16. *In*: FORTINI, Cristiana; SCHWIND, Rafael Wallbach; BRAGAGNOLI, Renila; VIEIRA, Virginia Kirchmeyer (coord.). *Empresas estatais*: análise de decisões judiciais e do controle externo. Belo Horizonte: Fórum, 2025. p. 131-141. ISBN 978-65-5518-977-3.

INIDONEIDADE, EMPRESAS ESTATAIS E O EFEITO DA SANÇÃO DE SUSPENSÃO: ANÁLISE DA DECISÃO DO TRIBUNAL DE CONTAS DO MUNICÍPIO DO RIO DE JANEIRO (PROCESSO 40/101245/2020) E SEUS IMPACTOS PRÁTICOS PARA A ADMINISTRAÇÃO PÚBLICA

VIVIANE MAFISSONI

Introdução

A Administração Pública brasileira é regida por um arcabouço normativo complexo, com diferentes legislações aplicáveis conforme a natureza das entidades envolvidas e a modalidade licitatória adotada.

No centro dessa regulamentação está a necessidade de garantir o cumprimento dos princípios constitucionais da legalidade, moralidade e eficiência, especialmente em processos de contratação pública e sanções decorrentes de inexecução contratual. Nesse contexto, a decisão proferida no Processo 40/101245/2020, pelo Tribunal de Contas do Município do Rio de Janeiro (TCMRJ),[1] oferece importantes diretrizes

---

[1] Decisão: "SUMÁRIO: DIREITO ADMINISTRATIVO. LICITAÇÕES. LEI Nº 8.666/1993. PREGÃO ELETRÔNICO. LEI Nº 10.520/2002. ATA DE REGISTRO DE PREÇOS. EMPRESA PÚBLICA. LEI Nº 13.303/2016. CITAÇÃO. CIÊNCIA À JURISDICIONADA.
Voto nº: 30074/2021
j) relativamente ao item 22 da Instrução de peça P038:
j.1) suprima a previsão de a RIOSAÚDE sancionar empresas com declaração de inidoneidade, tendo em vista a falta de amparo legal, na Lei nº 13.303/2016, para aplicação

acerca da aplicação de sanções pela Administração Pública, com especial atenção à atuação das empresas públicas sob a égide da Lei nº 13.303/2016, conhecida como a Lei das Estatais.

O voto de número 30074/2021, analisado neste processo, trouxe à tona questões relevantes sobre o alcance e a aplicação das penalidades contratuais, com foco na sanção de inidoneidade e na suspensão temporária de licitar e contratar, em licitações realizadas por empresas públicas.

Este artigo busca avaliar essa decisão, destacando suas implicações para a Administração Pública e oferecendo uma interpretação prática que oriente advogados e servidores públicos em sua atuação diária.

Contexto normativo: Lei nº 8.666/93, Lei nº 10.520/02 e Lei nº 13.303/16

Para compreender o teor da decisão analisada, é fundamental situar o marco regulatório que envolve o processo licitatório e a aplicação de sanções na administração pública. O Processo 40/101245/2020 refere-se a uma licitação promovida pela empresa pública RIOSAÚDE, entidade sujeita às disposições da Lei nº 13.303/16. A Lei nº 8.666/93 era o principal diploma legal que regulava as licitações no Brasil até 2016, estabelecendo normas gerais para as contratações da Administração Pública.

No entanto, a Lei nº 13.303/16, mais recente, dispõe sobre o estatuto jurídico das empresas públicas e sociedades de economia mista, oferecendo um regime específico para as contratações dessas entidades.

Além disso, a Lei nº 10.520/02 introduziu a modalidade do pregão eletrônico, amplamente adotada por órgãos e entidades públicas, inclusive por estatais, para aquisições de bens e serviços comuns, nos termos do artigo 32 da Lei nº 13.303/16. Nesse cenário, as sanções aplicáveis a licitantes e contratados também devem ser entendidas à luz dessas legislações.

No caso em análise, a decisão do TCMRJ discute a aplicação da sanção de declaração de inidoneidade no âmbito da Lei nº 13.303/16.

---

de tal sanção; e j.2) restrinja os efeitos da sanção de suspensão temporária de licitar e impedimento de contratar apenas à entidade sancionadora, já que a Lei nº 13.303/2016 não autoriza a extensão de seus efeitos a órgãos e entidades diversos daquela que aplicou a supracitada sanção" (Tribunal de Contas do Município do Rio de Janeiro, Processo 40/101245/2020).

Delimitação da competência sancionatória de empresas públicas

O primeiro ponto central da decisão foi a supressão da previsão de a RIOSAÚDE aplicar sanção de declaração de inidoneidade às empresas participantes da licitação.

O Tribunal entendeu que a Lei nº 13.303/16, que regula as contratações de empresas públicas e sociedades de economia mista, não prevê a possibilidade de tais entidades aplicarem sanção de declaração de inidoneidade.

A sanção de declaração de inidoneidade, conforme previsto na Lei nº 8.666/93, tem como efeito impedir o sancionado de participar de licitações e de contratar com a Administração Pública, em todas as esferas, enquanto perdurar o efeito da penalidade.

No entanto, a Lei nº 13.303/16, ao regular as licitações de empresas estatais, não inclui essa possibilidade de punição em seu rol de sanções.

Portanto, ao contrário das entidades regidas pela Lei nº 8.666/93, que podem aplicar a inidoneidade com alcance nacional, as empresas públicas e sociedades de economia mista estão restritas a sanções menos amplas, como a suspensão temporária de participar de licitações e contratar com a entidade sancionadora.

Implicações práticas

Essa limitação imposta pela Lei das Estatais tem importantes repercussões práticas. A sanção de declaração de inidoneidade, ao ser excluída do âmbito sancionatório das estatais, faz com que essas entidades precisem adotar outras medidas disciplinares previstas na legislação específica para garantir a punição adequada de empresas que descumprem suas obrigações contratuais. Para a Administração Pública, isso significa que as empresas públicas devem ter cuidado ao estipular sanções em seus contratos, de modo que estas respeitem o limite da lei que regem elas.

A decisão do TCMRJ ressalta a importância de que as penalidades sejam aplicadas de acordo com a lei específica que regula a entidade licitante, sob pena de nulidade do ato sancionador.

Além disso, para advogados que representam empresas públicas, essa decisão impõe a necessidade de revisar os modelos de edital e contrato, garantindo que a previsão de sanções esteja estritamente alinhada com a legislação aplicável. A ausência de previsão expressa na

Lei nº 13.303/16 para a sanção de inidoneidade significa que, no âmbito das estatais, esta não pode ser utilizada como ferramenta de punição.

Restrição da suspensão temporária de licitar e contratar

Outro ponto importante abordado pela decisão do TCMRJ foi a restrição dos efeitos da sanção de suspensão temporária de licitar e impedimento de contratar. Segundo o Tribunal, a Lei nº 13.303/16 não autoriza a extensão da sanção de suspensão a outros órgãos ou entidades além daquela que aplicou a penalidade. Esse entendimento está em consonância com o princípio da especialidade da Lei das Estatais, que confere às empresas públicas e sociedades de economia mista um regime jurídico diferenciado.

Ao contrário da Lei nº 8.666/93, que possibilita a extensão de certas sanções a toda a Administração Pública, a Lei nº 13.303/16 restringe os efeitos da suspensão temporária à própria entidade que aplicou a sanção, conforme artigo 83 da Lei.

Assim, a sanção de suspensão aplicada pela RIOSAÚDE, por exemplo, não poderia impedir a empresa sancionada de participar de licitações promovidas por outras entidades ou órgãos da Administração Pública direta ou indireta. Essa limitação busca preservar a autonomia das estatais e garantir que as penalidades aplicadas sejam proporcionais e individualizadas, conforme o vínculo contratual entre a entidade sancionadora e a empresa sancionada.

Na prática, essa restrição impõe uma mudança significativa na forma como as empresas públicas devem lidar com a inexecução contratual. A aplicação da suspensão temporária deve ser feita de maneira criteriosa, sabendo-se que os efeitos dessa penalidade são limitados à própria entidade aplicadora da sanção. Isso gera uma responsabilidade adicional para os gestores públicos, que precisam considerar a efetividade da sanção em relação aos objetivos contratuais e às consequências práticas dessa punição.

Por outro lado, para as empresas contratadas, essa delimitação também é um fator relevante. A sanção de suspensão temporária por uma entidade estatal não inviabiliza sua participação em licitações de outras empresas públicas ou da administração direta, desde que não existam outras sanções aplicáveis no âmbito federal, estadual ou municipal.

Do ponto de vista jurídico, a decisão reforça a necessidade de uma análise detalhada do regime sancionatório aplicável a cada licitação, especialmente quando envolve estatais regidas pela Lei nº 13.303/16.

A uniformidade do entendimento de que as sanções não podem ser estendidas a outras entidades além daquelas que as aplicaram é crucial para evitar conflitos administrativos e garantir a segurança jurídica nos processos licitatórios.

A autonomia das empresas públicas e a segurança jurídica

A decisão do TCMRJ, ao limitar o alcance das sanções aplicáveis por empresas públicas, evidencia uma preocupação central com a segurança jurídica e a preservação da autonomia administrativa das estatais.

Ao diferenciar claramente os regimes jurídicos das entidades públicas regidas pela Lei nº 8.666/93 e aquelas regidas pela Lei nº 13.303/16, o Tribunal reforça o princípio de que normas específicas, como a Lei das Estatais, devem ser aplicadas de forma restrita, evitando a interpretação extensiva de seus dispositivos.

A autonomia conferida às empresas públicas pela Lei nº 13.303/16 permite uma maior flexibilidade na condução dos processos licitatórios, mas também impõe limites claros sobre as sanções que podem ser aplicadas. Esse equilíbrio entre autonomia e responsabilidade é essencial para garantir que as estatais atuem dentro dos marcos legais, sem comprometer a eficácia de suas operações ou a integridade do processo licitatório.

Para a Administração Pública, a clareza normativa proporcionada por essa decisão é fundamental para a condução dos processos licitatórios de empresas públicas. A certeza de que as sanções não podem extrapolar os limites estabelecidos pela Lei das Estatais confere aos gestores um parâmetro seguro para a aplicação de penalidades, evitando potenciais litígios ou nulidades contratuais.

Adicionalmente, a decisão contribui para a consolidação de uma jurisprudência favorável à preservação dos direitos dos licitantes, assegurando que as sanções aplicadas sejam proporcionais, motivadas e restritas ao âmbito da entidade que promoveu a licitação. Essa proteção jurídica é um incentivo à participação de empresas em processos licitatórios promovidos por estatais, uma vez que essas empresas podem contar com uma maior previsibilidade e segurança nas regras e sanções aplicáveis.

Esse aspecto é essencial para fomentar a competitividade e atrair melhores propostas para a Administração Pública, garantindo contratações mais vantajosas para o interesse público.

Conclusão

A decisão do Tribunal de Contas do Município do Rio de Janeiro no Processo 40/101245/2020, em conjunto com o Voto nº 30074/2021, proporciona importantes reflexões sobre a aplicação das sanções em processos licitatórios conduzidos por empresas públicas. Ao delimitar claramente a impossibilidade de aplicação da sanção de declaração de inidoneidade pela RIOSAÚDE e ao restringir os efeitos da suspensão temporária de licitar e contratar apenas à entidade sancionadora, a decisão reforça os limites impostos pela Lei nº 13.303/16 e oferece segurança jurídica tanto para a Administração Pública quanto para os licitantes.

Para os advogados e gestores públicos, essa decisão destaca a necessidade de conformidade estrita com a legislação específica das estatais, evitando o uso indevido de sanções previstas em outros diplomas normativos, como a Lei nº 8.666/93.

A supressão da sanção de declaração de inidoneidade e a limitação da extensão da suspensão temporária demonstram a importância de uma interpretação rigorosa e sistemática das normas aplicáveis, com vistas a garantir a legalidade dos atos administrativos e preservar a integridade dos processos licitatórios.

Do ponto de vista prático, a decisão impõe uma revisão criteriosa dos editais e contratos elaborados pelas empresas públicas, garantindo que as sanções previstas estejam em conformidade com a Lei das Estatais.

Além disso, a delimitação do alcance das sanções de suspensão temporária contribui para um ambiente licitatório mais estável, no qual as empresas públicas mantêm sua autonomia, mas dentro dos parâmetros legais que limitam a aplicação de penalidades.

Por fim, a decisão é um passo importante no fortalecimento do regime jurídico das estatais e na criação de uma jurisprudência mais clara e estável, que contribui para a eficiência da Administração Pública e para a proteção dos interesses dos licitantes, assegurando maior competitividade e transparência nas contratações públicas. Para advogados, servidores e demais profissionais da Administração Pública, essa decisão oferece valiosas orientações sobre a correta aplicação das sanções administrativas, reforçando a importância de agir com rigor técnico e jurídico em todos os atos relacionados aos procedimentos licitatórios.

Referências

BRASIL. *Lei nº 13.303, de 30 de junho de 2016*. Dispõe sobre o estatuto jurídico da empresa pública, da sociedade de economia mista e de suas subsidiárias no âmbito da União, dos Estados, do Distrito Federal e dos Municípios.

Informação bibliográfica deste livro, conforme a NBR 6023:2018 da Associação Brasileira de Normas Técnicas (ABNT):

MAFISSONI, Viviane. Inidoneidade, empresas estatais e o efeito da sanção de suspensão: análise da decisão do Tribunal de Contas do Município do Rio de Janeiro (Processo 40/101245/2020) e seus impactos práticos para a Administração Pública. *In*: FORTINI, Cristiana; SCHWIND, Rafael Wallbach; BRAGAGNOLI, Renila; VIEIRA, Virginia Kirchmeyer (coord.). *Empresas estatais*: análise de decisões judiciais e do controle externo. Belo Horizonte: Fórum, 2025. p. 143-149. ISBN 978-65-5518-977-3.

SANÇÃO, PREGÃO E FUNDAMENTO LEGAL — AVALIAÇÃO DA DECISÃO DO STJ NO AGRAVO EM RECURSO ESPECIAL Nº 2247328-SP E SUAS IMPLICAÇÕES PRÁTICAS PARA A ADMINISTRAÇÃO PÚBLICA

VIVIANE MAFISSONI

Introdução

A jurisprudência tem desempenhado um papel crucial na regulação dos procedimentos administrativos, especialmente em contextos de licitação e contratos administrativos.

A decisão do Agravo em Recurso Especial nº 2247328-SP, proferida pelo Superior Tribunal de Justiça (STJ) em 2023, abordou questões fundamentais sobre a aplicação das sanções decorrentes da inexecução contratual em processos licitatórios regidos pela Lei nº 13.303/16, conhecida como a Lei das Estatais.[1]

O acórdão trouxe à tona importantes discussões sobre a interpretação e aplicação de normas que regulam os processos de licitação,

---

[1] Decisão: "AGRAVO EM RECURSO ESPECIAL Nº 2247328-SP (2022/0359532-6) EMENTA PROCESSUAL CIVIL. ADMINISTRATIVO. AGRAVO EM RECURSO ESPECIAL. LICITAÇÃO. PREGÃO. INEXECUÇÃO CONTRATUAL. SANÇÃO. VIOLAÇÃO AO ART. 32 DA LEI Nº 13.303/16. FUNDAMENTAÇÃO GENÉRICA. SÚMULA 284/STF. COMANDO NORMATIVO DO DISPOSITIVO INDICADO COMO VIOLADO E TESE RECURSAL DE ENCAMPAÇÃO DA LEI DO PREGÃO. AUSÊNCIA DE PREQUESTIONAMENTO. SÚMULAS 282 E 356 DO STF. AGRAVO CONHECIDO PARA NÃO CONHECER DO RECURSO ESPECIAL" (STJ - AREsp: 2247328 SP 2022/0359532-6, Relator: Ministro MAURO CAMPBELL MARQUES, Data de Publicação: DJ 16/02/2023).

com destaque para o pregão, e a fundamentação das sanções impostas por inexecução contratual.

Este artigo visa proporcionar uma análise detalhada da decisão do STJ, avaliando os pontos principais da controvérsia e seus impactos práticos para a administração pública. Para tanto, serão abordados aspectos como a fundamentação genérica da sanção imposta, a invocação inadequada do art. 32 da Lei nº 13.303/16 e a questão do prequestionamento, elemento essencial para a admissão de recursos especiais.

Contexto fático e jurídico da decisão

O caso objeto do AREsp nº 2247328-SP tratava de uma sanção administrativa imposta à contratada em decorrência da inexecução de contrato derivado de pregão, modalidade de licitação amplamente utilizada no setor público.

A controvérsia jurídica girava em torno da adequação das sanções aplicadas e da fundamentação invocada pela administração pública para justificar a penalidade, com foco na alegada violação ao artigo 32 da Lei nº 13.303/16.

O artigo 32 da Lei das Estatais dispõe sobre a aplicação de penalidades no âmbito de licitações e contratos celebrados por empresas públicas e sociedades de economia mista, estabelecendo requisitos mínimos de fundamentação para a imposição de sanções. Neste caso, a parte recorrente alegou que a sanção aplicada carecia de fundamentação adequada, configurando violação ao referido dispositivo legal.

Fundamentação genérica da decisão e a Súmula 284 do STF

O STJ, ao analisar o recurso, concluiu que a fundamentação apresentada no recurso especial era genérica, em desacordo com os requisitos impostos pelo artigo 32 da Lei nº 13.303/16. Com base nesse entendimento, aplicou-se a Súmula 284 do STF, que estabelece que é inadmissível o recurso especial que não apresenta argumentação clara e objetiva sobre a violação ao dispositivo legal alegado.

A decisão observou que, para que uma sanção administrativa seja mantida, é indispensável que o ato administrativo que a impõe seja devidamente fundamentado, especificando com clareza os fatos e os dispositivos legais infringidos pela parte contratada.

No entanto, no caso em tela, o STJ entendeu que a argumentação trazida pelo recorrente era vaga e não apontava com precisão os elementos necessários para sustentar a tese de violação do artigo 32.

Esta questão da fundamentação genérica levanta uma série de implicações práticas para a administração pública. Em processos licitatórios, é essencial que os gestores públicos elaborem decisões sancionatórias com rigor técnico, garantindo que as penalidades sejam justificadas com base em provas concretas e em uma análise detalhada dos dispositivos legais pertinentes. Isso assegura não apenas a regularidade do processo administrativo, mas também a defesa de possíveis impugnações judiciais.

Encampação e a Lei do Pregão

Outro ponto relevante discutido no acórdão foi a tentativa de encampação da Lei do Pregão (Lei nº 10.520/02) pelo recorrente, ao argumentar que as disposições da referida norma deveriam prevalecer sobre a Lei das Estatais no que tange ao pregão. A parte recorrente argumentava que a Lei nº 10.520/02, por ser uma norma específica para o pregão, deveria ser aplicada de forma prioritária.

O STJ, no entanto, rechaçou esse argumento, esclarecendo que o pregão, quando realizado no âmbito de empresas públicas e sociedades de economia mista, deve necessariamente observar as disposições da Lei nº 13.303/16. Essa decisão reforça a interpretação de que a Lei das Estatais, por sua natureza específica e posterior, prevalece sobre a legislação geral de licitações nos casos em que as estatais são as licitantes.

Essa interpretação tem implicações práticas significativas para a administração pública, particularmente no que se refere à elaboração de editais de pregão e contratos administrativos.

Gestores públicos devem estar atentos às especificidades da Lei nº 13.303/16, garantindo que todos os procedimentos licitatórios realizados no âmbito de estatais estejam em conformidade com as exigências dessa norma, sob pena de nulidade dos atos administrativos.

Prequestionamento e as Súmulas 282 e 356 do STF

Um ponto processual crucial que também foi abordado na decisão do STJ foi a questão do prequestionamento.

A corte aplicou as Súmulas 282 e 356 do STF, que tratam da necessidade de que a matéria discutida no recurso especial tenha sido devidamente analisada pelo tribunal de origem. O STJ destacou que, no caso em questão, o recorrente não havia suscitado de maneira clara e explícita, nas instâncias inferiores, a tese jurídica de violação ao artigo 32 da Lei nº 13.303/16, o que inviabilizou o conhecimento do recurso.

O prequestionamento é um requisito essencial para a admissão de recursos especiais no STJ e de recursos extraordinários no STF. Ele exige que as questões jurídicas apresentadas no recurso sejam discutidas e decididas nas instâncias inferiores, sob pena de o recurso ser considerado inadmissível. Esse ponto reforça a necessidade de advogados e administradores públicos prepararem cuidadosamente as suas peças processuais, garantindo que todas as questões relevantes sejam devidamente levantadas e discutidas em cada fase do processo.

A falta de prequestionamento adequado pode levar ao arquivamento precoce de recursos, prejudicando as chances de revisão de decisões judiciais desfavoráveis à administração pública.

Assim, advogados que atuam em defesa do poder público devem se certificar de que todas as teses jurídicas pertinentes sejam debatidas ao longo do processo, evitando a preclusão de argumentos importantes.

Implicações práticas para a Administração Pública

A decisão proferida no AREsp nº 2247328-SP traz lições importantes para a administração pública e os gestores que atuam na condução de licitações e contratos. Em primeiro lugar, ressalta-se a necessidade de rigor na fundamentação dos atos administrativos, especialmente no que diz respeito à aplicação de sanções contratuais.

A ausência de uma fundamentação adequada pode não apenas acarretar a nulidade do ato, mas também levar a decisões judiciais desfavoráveis à administração. Além disso, a decisão reforça a relevância de uma compreensão clara das normas específicas aplicáveis às licitações e contratos de estatais, destacando a primazia da Lei nº 13.303/16 sobre outras legislações mais gerais, como a Lei do Pregão. Essa compreensão é essencial para que os procedimentos licitatórios sejam conduzidos de acordo com a legalidade, evitando questionamentos posteriores. Finalmente, a questão do prequestionamento deve ser considerada cuidadosamente por advogados e gestores públicos.

A falta de discussão prévia de teses jurídicas pode inviabilizar a interposição de recursos especiais ou extraordinários, limitando as chances de reversão de decisões desfavoráveis.

É crucial, portanto, que os profissionais envolvidos estejam atentos à construção e ao desenvolvimento das teses jurídicas ao longo do processo.

Conclusão

A decisão do STJ no Agravo em Recurso Especial nº 2247328-SP apresenta importantes diretrizes para a atuação da administração pública em processos licitatórios e na aplicação de sanções contratuais.

A necessidade de fundamentação detalhada e precisa, a primazia da Lei das Estatais sobre outras normas gerais de licitação e o rigor na observância do prequestionamento são elementos cruciais que devem ser considerados pelos gestores e advogados públicos.

No contexto das licitações e contratos administrativos, decisões como essa são fundamentais para orientar a atuação do poder público, garantindo que os princípios da legalidade, da transparência e da eficiência sejam observados.

A correta aplicação dessas diretrizes pode evitar litígios desnecessários e assegurar maior segurança jurídica nas relações contratuais entre a administração e seus fornecedores.

O acórdão analisado serve como um alerta para a importância da qualificação técnica e jurídica dos profissionais que atuam na administração pública, ressaltando a necessidade de que cada ato administrativo seja praticado com a devida observância das normas legais aplicáveis, contribuindo, assim, para a boa governança e a integridade dos processos licitatórios.

Referências

BRASIL. *Lei nº 13.303, de 30 de junho de 2016*. Dispõe sobre o estatuto jurídico da empresa pública, da sociedade de economia mista e de suas subsidiárias no âmbito da União, dos Estados, do Distrito Federal e dos Municípios.

Informação bibliográfica deste livro, conforme a NBR 6023:2018 da Associação Brasileira de Normas Técnicas (ABNT):

MAFISSONI, Viviane. Sanção, pregão e fundamento legal — avaliação da decisão do STJ no Agravo em Recurso Especial nº 2247328-SP e suas implicações práticas para a Administração Pública. *In*: FORTINI, Cristiana; SCHWIND, Rafael Wallbach; BRAGAGNOLI, Renila; VIEIRA, Virginia Kirchmeyer (coord.). *Empresas estatais*: análise de decisões judiciais e do controle externo. Belo Horizonte: Fórum, 2025. p. 151-155. ISBN 978-65-5518-977-3.

SANÇÃO, *COMPLIANCE* E LEI ANTICORRUPÇÃO: ANÁLISE DA DECISÃO DO STJ NO RECURSO ESPECIAL Nº 1880426-RJ (2020/0056279-2) E SUAS IMPLICAÇÕES PARA A ADMINISTRAÇÃO PÚBLICA

VIVIANE MAFISSONI

Introdução

A decisão do STJ no Recurso Especial nº 1880426-RJ (2020/0056279-2),[1] envolvendo a Convida Refeições Ltda. e a Petrobras, é um marco que aborda a complexidade das políticas de integridade em licitações públicas promovidas por estatais. A Petrobras, seguindo o que estabelece a Lei das Estatais (Lei nº 13.303/2016) e seu próprio Regulamento de Licitações e Contratos de 2018, introduziu o conceito de classificação de Grau de Risco de Integridade. Trata-se de um mecanismo de avaliação preventiva que categoriza fornecedores de acordo com o potencial de risco que representam à integridade da estatal.

O uso do grau de risco de integridade nas contratações visa garantir a conformidade dos parceiros comerciais com práticas éticas

---

[1] Decisão: "PROCESSUAL CIVIL E ADMINISTRATIVO. RECURSO ESPECIAL. MANDADO DE SEGURANÇA. AUSÊNCIA DE FUNDAMENTAÇÃO. NÃO OCORRÊNCIA. PARTICIPAÇÃO DE LICITANTE QUE OBTEVE GRAU DE RISCO DE INTEGRIDADE "ALTO". DESCABIMENTO. FUNDAMENTO DO ACÓRDÃO RECORRIDO NÃO IMPUGNADO. SÚMULA 283 DO STF. REEXAME DE FATOS E PROVAS. INADMISSIBILIDADE. SÚMULA 7 DO STJ. RECURSO NÃO CONHECIDO (STJ - REsp: 1880426 RJ 2020/0056279-2, Relator: Ministro BENEDITO GONÇALVES, Data de Publicação: DJ 05/08/2020).

e transparentes, reduzindo vulnerabilidades a fraudes e atos de corrupção. Este artigo analisa, em profundidade, os fundamentos dessa política de integridade, explorando suas bases na Lei nº 13.303/2016 e no regulamento interno da Petrobras. Além disso, discute os desafios legais e operacionais que surgem na aplicação desses critérios, abordando a jurisprudência, a necessidade de fundamentação nas decisões administrativas e o impacto das Súmulas 283 do STF e 7 do STJ.

Contexto fático e jurídico da decisão

No Recurso Especial nº 1880426-RJ, o STJ analisou a exclusão de uma empresa licitante com alto grau de risco de integridade. A Convida Refeições Ltda., impedida de participar do certame, alegou que a decisão carecia de fundamentação e infringia os princípios constitucionais do contraditório e da ampla defesa.[2] A Petrobras, por sua vez, defendeu a validade da desclassificação, sustentando que a decisão estava em conformidade com a Lei nº 13.303/2016 e seu regulamento de *compliance*.

A jurisprudência nesse caso reforça que, em processos licitatórios de estatais, decisões que limitem ou extingam direitos de participação devem ser fundamentadas, conforme o artigo 50 da Lei nº 9.784/1999. Tal obrigatoriedade garante que o ato administrativo seja transparente e objetivo, permitindo a revisão judicial em caso de abuso ou arbitrariedade. A Petrobras justificou a exclusão baseada em um modelo de avaliação de integridade que identifica fornecedores com alto potencial de risco, uma prática amparada em seu regulamento e em diretrizes da Lei das Estatais.

O julgamento também abordou as limitações do poder discricionário da administração pública ao adotar tais critérios. O STJ enfatizou que a fundamentação da decisão administrativa é vital para assegurar a legalidade e a razoabilidade do ato, destacando o papel da discricionariedade no contexto das políticas de *compliance* e governança pública. No entanto, a discricionariedade deve ser exercida com limites claros, especialmente quando envolve a exclusão de licitantes com base em critérios subjetivos como o risco de integridade.

---

[2] O tema foi pauta de notícia no site Jota, conforme https://www.jota.info/artigos/empresa-com-alto-risco-de-integridade-fica-fora-de-licitacao-da-petrobras.

O que é a classificação de Grau de Risco de Integridade?

A classificação de Grau de Risco de Integridade é uma ferramenta de *compliance* adotada pela Petrobras como forma de medir e mitigar o potencial de exposição a fraudes, corrupção e outros atos ilícitos nas contratações. Esse conceito visa categorizar fornecedores e parceiros comerciais com base em uma avaliação abrangente de diversos fatores, incluindo:

- histórico de conformidade: registros anteriores de sanções, multas e outras violações de normas.
- governança corporativa: qualidade e transparência dos processos internos e a presença de políticas de *compliance* dentro da empresa.
- relações com a administração pública: histórico de contratos e envolvimento em processos licitatórios com outras entidades públicas.
- avaliação de riscos setoriais: setor de atuação da empresa e a probabilidade de ocorrência de atos ilícitos dentro do mercado específico.

Empresas avaliadas como "alto risco" são aquelas que, segundo o sistema de *compliance* da estatal, apresentam maior probabilidade de envolverem-se em práticas contrárias à integridade. Essas empresas podem ser automaticamente desclassificadas de certames, conforme o regulamento de licitações da Petrobras, quando essa classificação atinge um limite específico que compromete a segurança e a conformidade das transações.

No entanto, é fundamental que esses critérios de avaliação de risco sejam aplicados de forma objetiva e transparente, permitindo às empresas afetadas questionar a avaliação e apresentar defesa. A Lei nº 13.303/2016, em seu artigo 32, sustenta que as estatais devem adotar políticas de integridade com critérios objetivos, o que implica que os mecanismos de controle de risco devem evitar decisões arbitrárias e respeitar os direitos de defesa dos licitantes.

O Programa Petrobras de Prevenção da Corrupção (PPPC) inclui o procedimento de *Due Diligence* de Integridade (DDI), que avalia o risco de integridade da Petrobras em relação aos seus fornecedores, clientes, parceiros, patrocinados e outras contrapartes.

O DDI é um procedimento que analisa detalhadamente os aspectos relevantes das operações comerciais da Petrobras. O objetivo é identificar possíveis riscos legais, éticos ou de conformidade que possam comprometer a reputação ou os resultados financeiros da empresa.

Ao final do processo de DDI, é atribuído um grau de integridade ao fornecedor, que pode ser alto, médio ou baixo. A classificação é calculada com base na avaliação dos fatores de risco de integridade. Caso um fornecedor seja identificado com alto índice de risco, só poderá participar de processos licitatórios se não houver outros três fornecedores mais bem habilitados. O PPPC visa aumentar a segurança nas contratações de bens e serviços e mitigar eventuais riscos no relacionamento com os fornecedores.

Governança e integridade em contratações de estatais

A Lei nº 13.303/2016 foi um divisor de águas para a governança e *compliance* nas empresas estatais, estabelecendo um arcabouço normativo que exige práticas de gestão transparentes e integridade nas contratações. De acordo com a lei, as empresas estatais são obrigadas a adotar políticas de integridade e governança corporativa que assegurem eficiência, isonomia e segurança jurídica nos processos licitatórios.

O artigo 32 da Lei nº 13.303/2016 destaca a necessidade de observância de políticas de integridade nas transações com partes interessadas, estabelecendo que os processos licitatórios devem incorporar controles que previnam fraudes e corrupções. Esse dispositivo é especialmente relevante para empresas como a Petrobras, que enfrentam uma exposição maior a riscos de integridade, dada a magnitude e a importância de suas operações.

Essas diretrizes se conectam diretamente com o Regulamento de Licitações e Contratos da Petrobras, que exige uma análise rigorosa de *compliance* como parte integrante dos procedimentos de contratação. A Petrobras, por meio do seu Programa de Prevenção à Corrupção, reforça o uso de critérios de integridade para garantir que apenas fornecedores em conformidade com padrões éticos participem de seus processos de contratação. Assim, a governança pública, guiada pela Lei das Estatais, requer que o poder discricionário nas decisões administrativas seja limitado por parâmetros claros e que respeite a ampla concorrência e a igualdade de condições entre os participantes.

Aplicação do Regulamento de Licitações e Contratos da Petrobras

O Regulamento de Licitações e Contratos da Petrobras é um instrumento fundamental para a política de *compliance* da estatal. Esse regulamento define critérios específicos para a contratação de bens e serviços, com foco na integridade e na prevenção de fraudes. Além disso, estabelece os parâmetros para a avaliação do grau de risco de integridade dos fornecedores, que é crucial para proteger a estatal de potenciais problemas jurídicos e reputacionais.

Entre as regras do regulamento, destacam-se:
- critérios de avaliação de integridade: fornecedores são avaliados com base em parâmetros técnicos, incluindo governança, histórico de conformidade e reputação no mercado.
- fundamentação das decisões: todas as decisões de desclassificação devem ser acompanhadas de justificativas detalhadas, em conformidade com o artigo 50 da Lei nº 9.784/1999, assegurando transparência.
- política de defesa e contraditório: a exclusão de empresas deve possibilitar defesa e contraditório, garantindo que o processo de exclusão seja justo e transparente.

No caso da Convida Refeições Ltda., o uso da classificação de alto risco de integridade como justificativa para sua exclusão é um exemplo direto da aplicação do regulamento. Contudo, a decisão do STJ destacou a importância de que essa fundamentação seja exaustiva e que o grau de risco de integridade, como critério subjetivo, seja aplicado com objetividade, a fim de evitar interpretações arbitrárias e assegurar a ampla defesa.

Impacto das Súmulas 283 do STF e 7 do STJ

A aplicação das Súmulas 283 do STF e 7 do STJ representa um aspecto essencial para a atuação jurídica em processos administrativos. No caso analisado, a aplicação da Súmula 283 foi fundamental, pois a Convida Refeições não contestou especificamente todos os fundamentos do acórdão, o que levou ao não conhecimento do recurso. Esta súmula é um importante lembrete para advogados, pois reforça a necessidade de uma argumentação jurídica robusta e abrangente.

Já a Súmula 7 do STJ limita o reexame de fatos e provas, restringindo o tribunal à análise de questões de direito. No contexto das licitações de estatais, onde critérios técnicos e de integridade são decisivos, essa restrição impõe que as instâncias inferiores elaborem decisões detalhadas e fundamentadas, pois estas não serão reavaliadas no âmbito de recurso especial. Dessa forma, as estatais devem garantir que suas decisões estejam detalhadamente fundamentadas, com base em critérios técnicos sólidos e amparados na legislação pertinente, dado que o STJ não revisará o mérito fático-probatório, mas apenas a conformidade legal.

Essas limitações impostas pelas súmulas reforçam a necessidade de uma gestão processual cuidadosa, tanto por parte dos advogados como dos gestores de empresas estatais. A exclusão de licitantes com base em critérios subjetivos, como o grau de risco de integridade, exige uma fundamentação jurídica que responda a possíveis contestações, considerando que o poder de discricionariedade das estatais não é absoluto. A administração pública deve, assim, se preparar para justificar suas decisões com precisão, especialmente em licitações, onde o equilíbrio entre a prevenção de riscos e o respeito aos direitos dos participantes é fundamental.

Conclusão

A decisão do STJ no Recurso Especial nº 1880426-RJ expõe questões essenciais para a Administração Pública, em especial para as estatais que lidam com riscos elevados de integridade em suas contratações. A exclusão de licitantes com base em critérios de *compliance* é um reflexo das diretrizes estabelecidas pela Lei nº 13.303/2016 e pelo Regulamento de Licitações e Contratos da Petrobras, ambos focados na transparência e na integridade das relações contratuais. No entanto, a aplicação de critérios como o grau de risco de integridade requer equilíbrio, objetividade e respeito ao contraditório, para evitar arbitrariedades.

O aprofundamento das políticas de *compliance* e integridade é um passo importante para fortalecer a governança das estatais e prevenir práticas ilícitas nas contratações. Contudo, essa política deve estar acompanhada de um processo administrativo fundamentado, que seja acessível ao controle judicial e respeite os direitos das empresas. A análise criteriosa e fundamentada das classificações de risco assim como a transparência nas decisões são fundamentais para legitimar as ações das estatais e assegurar a segurança jurídica nas contratações públicas.

A jurisprudência apresentada, aliada à aplicação das Súmulas 283 do STF e 7 do STJ, impõe uma responsabilidade adicional à gestão das estatais: a de fundamentar com clareza e objetividade cada decisão, especialmente em questões sensíveis como o *compliance*. Dessa forma, a análise da decisão do STJ e das normas da Lei nº 13.303/2016 orienta o aprimoramento dos processos de contratação pública, contribuindo para um ambiente de licitações mais íntegro, transparente e competitivo.

Referências

BRASIL. *Lei nº 13.303, de 30 de junho de 2016*. Dispõe sobre o estatuto jurídico da empresa pública, da sociedade de economia mista e de suas subsidiárias no âmbito da União, dos Estados, do Distrito Federal e dos Municípios.

BRASIL. *Lei nº 12.846, de 1º de agosto de 2013*. Dispõe sobre a responsabilização administrativa e civil de pessoas jurídicas pela prática de atos contra a administração pública, nacional ou estrangeira.

BRASIL. *Decreto nº 11.129, de 8 de julho de 2022*. Regulamenta a Lei nº 12.846, de 2013, e dispõe sobre a responsabilização administrativa de pessoas jurídicas pela prática de atos contra a administração pública, nacional ou estrangeira.

PETRÓLEO BRASILEIRO S.A. (PETROBRAS). Regulamento de Licitações e Contratos. 2018. Disponível em: https://petrobras.com.br/documents/d/canal-do-fornecedor/revisao-3-do-rlcp?download=true.

Informação bibliográfica deste livro, conforme a NBR 6023:2018 da Associação Brasileira de Normas Técnicas (ABNT):

MAFISSONI, Viviane. Sanção, *compliance* e lei anticorrupção: análise da decisão do STJ no Recurso Especial nº 1880426-RJ (2020/0056279-2) e suas implicações para a Administração Pública. *In*: FORTINI, Cristiana; SCHWIND, Rafael Wallbach; BRAGAGNOLI, Renila; VIEIRA, Virginia Kirchmeyer (coord.). *Empresas estatais*: análise de decisões judiciais e do controle externo. Belo Horizonte: Fórum, 2025. p. 157-163. ISBN 978-65-5518-977-3.

SOBRE OS AUTORES

Alessandra Martins Assunção Giordano
Especialista em Direito Público pela Uniderp. Advogada corporativa, ocupando atualmente o cargo de gerente do jurídico trabalhista da Companhia Energética de Minas Gerais (Cemig). Integrante do Conselho de Relações Trabalhistas e Gestão de Pessoas da Fiemg.

Camila Tamara Falkenberg
Especialista em Direito Administrativo pela PUC Minas. Especialista em Direito *Compliance* e Integridade Corporativa pela PUC Minas. Advogada da Companhia Energética de Minas Gerais (Cemig).

Carolina Reis Jatobá
Consultora jurídica da Caixa Econômica Federal com atuação em Licitações e Contratos. Doutora em Direito pela PUC-SP e mestra pelo Centro Universitário de Brasília. Professora do Centro Universitário de Brasília.

Christianne de Carvalho Stroppa
Professora doutora e mestra pela PUC-SP. Especialista em Auditoria e Inovação no Setor Público. Ex-assessora de Gabinete no Tribunal de Contas do Município de São Paulo. Advogada e consultora em Licitações e Contratos Administrativos. Membra associada do Instituto Brasileiro de Direito Administrativo (IBDA), do Instituto de Direito Administrativo Paulista (IDAP), do Instituto dos Advogados de São Paulo (IASP), do Instituto Nacional de Contratação Pública (INCP) e do Instituto de Direito Administrativo Sancionador Brasileiro (IDASAN). Professora convidada da pós-graduação em licitações e contratos da Coordenadoria Geral de Especialização (COGEAE) da PUC-SP, da PUCPR, da Escola Mineira de Direito (EMD), da Faculdade Polis Civitas – Curitiba/PR, da Faculdade Baiana de Direito e do Complexo de Ensino Renato Saraiva Ltda. – Faculdade CERS. Autora de diversos artigos e palestrante na área da contratação pública. *E-mail*: c.stroppa@uol.com.br.

Cristiana Fortini
Presidente do Instituto Brasileiro de Direito Administrativo. Professora de cursos de graduação, mestrado e doutorado da Universidade Federal de Minas Gerais. Vice-Presidente Jurídica da Companhia Energética de Minas Gerais – Cemig. Doutora pela UFMG.

Cristina M. Wagner Mastrobuono
Advogada formada pela USP, LLM University of Chicago, foi Procuradora do Estado e atuou como coordenadora do Núcleo de Empresas e Fundações junto ao Gabinete do Procurador-Geral do Estado de São Paulo.

Henrique Motta Pinto
Mestre em Direito do Estado pela PUC-SP, superintendente jurídico corporativo da Companhia Energética de Minas Gerais (Cemig) e pesquisador da Sociedade Brasileira de Direito Público (SBDP).

Rafael Wallbach Schwind
Doutor e mestre em Direito do Estado pela Universidade de São Paulo (USP). *Visiting scholar* na Universidade de Nottingham (2016). *Fellow* do *Chartered Institute of Arbitrators* (*Ciarb*). Advogado e árbitro listado em diversas instituições arbitrais.

Renila Bragagnoli
Advogada e Secretária de Integridade da Companhia de Desenvolvimento dos Vales do São Francisco e Parnaíba (Codevasf). Mestranda em Políticas Públicas e Governo pela Fundação Getúlio Vargas (FGV). Especialista em Políticas Públicas, Gestão e Controle da Administração pelo Instituto Brasiliense de Direito Público (IDP/DF). Foi Assessora na Subchefia de Análise e Acompanhamento de Políticas Governamentais da Casa Civil da Presidência da República e Gerente da Procuradoria Jurídica da Empresa de Planejamento e Logística (EPL). Coautora das obras "Compras públicas centralizadas no Brasil" e "Terceirização na Administração Pública: boas práticas e atualização à luz da Nova Lei de Licitações", ambas da Editora Fórum, e autora de artigos sobre Direito da contratação pública. Membra efetiva do Instituto Nacional da Contratação Pública (INCP), da Comissão Estatais do Instituto Brasileiro de Direito Administrativo (IBDA) e da Rede Governança Brasil (RGB). Professora de cursos de pós-graduação na temática Lei das Estatais e palestrante na área de contratações públicas.

Vera Monteiro
Professora de Direito Administrativo na FGV Direito SP e na Sociedade Brasileira de Direito Público. *Lemann Foundation Visiting Fellow* na *Blavatnik School of Government* (Oxford, UK). Doutora pela USP e mestra pela PUC-SP. Advogada.

Victor Almeida
Advogado e assessor da Presidência da Companhia de Água e Esgoto do Estado do Ceará (Cagece). Mestrando em Administração Pública pelo Instituto Brasileiro de Ensino, Desenvolvimento e Pesquisa (IDP). MBA em Saneamento pela Fundação Escola de Sociologia e Política de São Paulo, MBA Executivo em Direito: Gestão e Business Law pela Fundação Getúlio Vargas. Especialista em Licitação e Contratações Públicas pelo Centro Educacional Renato Saraiva.

Especialista em Direito e Processos Tributários pela Universidade de Fortaleza (UNIFOR). Membro de conselhos em entidades públicas e estatais. Professor e palestrante na área de contratações públicas.

Viviane Mafissoni
Especialista em Direito Público. Advogada. Diretora Acadêmica do Instituto Nacional da Contratação Pública. Analista Jurídica de Projetos e Políticas Públicas e do Poder Executivo do Estado do Rio Grande do Sul, atuando como pregoeira, membra da Comissão de Licitações, coordenadora da equipe de aplicação de penalidades a licitantes, diretora responsável pelo planejamento de compras por registro de preços e gestão de atas, cadastro de fornecedores e penalidades e subsecretária substituta da Central de Licitações do RS (2010-2021). Estudou sobre Mecanismos de Controle e Combate à Corrupção na Contratação Pública (Portugal - 2019). Ex-Chefe do Serviço de Compras Centralizadas da Empresa Brasileira de Serviços Hospitalares (EBSERH), vinculada ao Ministério da Educação (2021/2023). Formada em Alta Liderança pela Fundação Dom Cabral (2019). Possui certificação Green Belt em Lean Six-Sigma. Atualmente cedida à Advocacia-Geral da União (AGU) como Coordenadora-Geral da Logística. Professora de pós-graduação da Escola Mineira de Direito e do Instituto Goiano de Direito. Premiada como melhor relato técnico do Grupo de Trabalho Governança em Gestão de Riscos e Integridade do IX encontro Brasileiro de Administração Pública. Autora de artigos, coautora de livros e palestrante sobre temas que envolvem compras públicas. *E-mail*: vivi.mafissoni@gmail.com.

Esta obra foi composta em fonte Palatino Linotype, corpo 10
e impressa em papel Pólen Bold 70g (miolo) e Supremo 250g (capa)
pela Gráfica Star7.